HENRI MAXIMILIAN JAKOBS
MIT CHRISTINA WOLF

ALL DIE BRENNENDEN FRAGEN

AF175162

KATALYST VERLAG

Henri Maximilian Jakobs mit Christina Wolf
ALL DIE BRENNENDEN FRAGEN

Text © 2023 Henri Maximilian Jakobs und Christina Wolf
Alle Rechte, auch die der Bearbeitung oder auszugsweisen Vervielfältigung, gleich durch welche Medien, vorbehalten.
© 2023 Katalyst Verlag
1. Auflage 2023
ISBN 978 3 9493152 82 | Katalyst #002
Katalyst Verlag ist eine Marke der
Luna Ventures GmbH | Prenzlauer Allee 186 | D-10405 Berlin
www.katalystverlag.de

Lektorat: Katja Korintenberg
Sensitivity Reading: Valo Christiansen
Korrektorat: Sophie Niemann
Satz & Gestaltung: Julius Thesing
Coverfotografie: Urban Zintel
Vermittelt durch die Literaturagentur Arteaga
Verleger*innen: Anna & Lukas Kampfmann

Gedruckt auf Papier aus verantwortungsvollen Quellen in Polen.

HENRI MAXIMILIAN JAKOBS
MIT CHRISTINA WOLF

ALL DIE BRENNENDEN FRAGEN

EIN GESPRÄCH ÜBER
TRANS ERFAHRUNGEN

KATALYST VERLAG

INHALT

WAS DICH IN DIESEM
BUCH ERWARTET

VORWORT   **7**

1 - LOST IN TRANSLATION   **11**

2 - DIE TÜCKEN DES SMALL TALKS   **55**

3 - ALLY, WER? ALLY, WIE?   **75**

4 - BEYOND THE BINARY   **93**

5 - KOMMST DU MIT?   **113**

INTERVIEWS MIT DER COMMUNITY   **123**

GLOSSAR   **159**

HIER FINDEST DU UNTERSTÜTZUNG   **167**

VORWORT

Mein Name ist Henri Maximilian Jakobs und ich bin hingerissen, dass du dieses Buch einem Katzenvideo vorziehst. Was nicht heißt, dass ich deine Passion für selbige Videos nicht teile. In diesem Fall freut es mich allerdings, dass du lieber liest, danke also.

Was hat es mit diesem Buch auf sich und wer bin ich überhaupt? Ich bin Musiker, Autor und mache gelegentlich künstlerische Ausflüge ins Theater. Das ist sehr schön. Doch um all das, was ich so beruflich treibe, soll es hier nicht gehen. Das Buch handelt davon, wer ich jetzt bin und warum die aktuelle Version von mir erst ein paar Jahre alt ist. Extrem kryptisch?

Also, mein Name war nicht immer Henri und meine Frisur sah auch mal deutlich verwegener aus. Um es einfacher und weniger sagenumwoben auszudrücken: Ich bin trans. Das ist der Inhalt dieses Buches. Transsein. Es geht darum, was trans an sich, was Transsein bedeutet. Für mich. Für dich. Für andere. Auf allen Ebenen, die es so gibt.

Ich erzähle von den brennenden Fragen, die ich hatte, zum Teil noch habe, und den brennenden Fragen, die andere umtreiben.

Und was es mit einem macht, wenn man irgendwann nur noch über brennende Fragen diskutiert und gar nicht mehr darüber, wie wohl das Wetter wird. Oder was es sonst noch für alltagstaugliche Themen gibt.

Die aktuelle Zeit ist angeraut und laut, unser Buch ein Gespräch, mit dem wir um mehr Verständnis und Akzeptanz werben und einige Schieflagen geraderücken wollen.

Moment mal, unser Buch? Richtig. Ich bin nicht allein, sondern habe Verstärkung durch meine BFF **Christina Wolf**, sie ist Journalistin und sehr gut im Zubereiten eines überdimensional starken Kaffees. Wir unterhalten uns, um zu zeigen, dass genau das möglich ist: reden, Fragen stellen, verstehen. Klingt jetzt ein bisschen wie der Titel eines deutschen Popsongs, aber egal, darum geht es uns.

Die Anfangszeit von Henri vor einer gefühlten und, wenn ich ehrlich sein soll, irgendwie auch einer tatsächlichen Ewigkeit, hat Christina mit dem Mikrofon begleitet. Daraus entstand der Podcast „Transformer". Den Namen habe ich mir nicht ausgedacht, das war irgendein findiger Redakteur – nur, um es mal erwähnt zu haben. Viele Menschen haben diesen Podcast damals gehört, einigen hat er geholfen und manche begleitet. Dieses Buch ist eine Art Fortsetzung unserer Unterhaltung, die wir damals geführt haben. Mit Perspektiven, die gewachsen sind, sich gewandelt haben oder bestätigt wurden.

Weil Gefühle eine komplizierte Sprache, aber bisweilen hilfreich dabei sind, das ein oder andere nachvollziehbarer zu machen, gibt es zu Beginn eines jeden Kapitels eine Anekdote aus meinem Leben. Weil das Abstrakte greifbarer wird, wenn es ein echtes Leben hinter sich herzieht und nicht nur im theoretischen, luftleeren Raum hängt.

Da trans Menschen bei jeglicher Äußerung gerne eine Agenda zum Umsturz unterstellt wird, möchte ich meine eigene transparent machen. An einem Umsturz oder der Weltherrschaft ist mir nicht im Geringsten gelegen. Auf meiner Agenda steht vielmehr, dass ich irgendwann meine Ruhe haben möchte. Ich nicht mehr mit wagenradgroßen Augen angeschaut werde, als wäre ich ein Zauberwesen, wenn ich sage, dass ich trans bin. Es vielleicht gar nicht mehr groß erwähnen muss, dass ich das bin, und in den Interviews, die ich bisweilen gebe, Fragen zu meiner Kunst oder meinem Faible für Backwaren gestellt bekomme und mich nicht dauernd und ausschließlich zum Thema Transsein äußern muss.

Ich möchte mich in allen Räumen bewegen dürfen und nicht bloß in den Nischen, die man uns um des guten Gewissen willens freiräumt. Ich wünsche mir, dass sich eine Selbstverständlichkeit entwickelt und etabliert. In der Öffentlichkeit und im Umgang miteinander. Einer Debatte oder einem Austausch bin ich nicht abgeneigt, solange nicht schrill und mit zugehaltenen Ohren gesprochen wird. Sondern auf Augenhöhe, mit der Bereitschaft zuzuhören und verstehen zu wollen. Nur so geht es voran. Mit und für uns alle.

Genug geredet. Lasst uns reden!

KAPITEL 1

LOST IN TRANSLATION

DIESER NEUE NAME

„Wie heißt du?"

*Vorstellungsrunde für ein neues Projekt. Vorstellungsrunden ...
ein schlimmes Konzept, das in den katastrophalsten Momenten
darin gipfelt, dass sich Erwachsene mit Wollknäueln bewerfen
und Anekdoten aus ihrer Kindheit erzählen, um sich gegenseitig
besser kennenzulernen. Ich wollte noch nie jemanden so gut kennenlernen, dass ich etwas auf die Person geworfen hätte. Eigentlich werfe ich Dinge auf Menschen, damit ich sie nicht näher kennenlernen muss.*

*Heute bleibt mir der Wollknäuelwurf erspart, meinen Namen
muss ich trotzdem sagen. So überschaubar die Aufgabe auch ist,
ich kriege sie nicht gerade glanzvoll hin.*

Ich murmle: „Henri."

*Genauso gut hätte ich meinen Kopf auf einen Rasensprenger le-
gen können in der Hoffnung, die Buchstaben würden sich so besser und weiter im Raum verteilen.*

*„Könntest du das noch mal wiederholen? Das war ein bisschen
leise."*

11

Ein einfacher und gerechtfertigter Wunsch. Aber mein Gaumen scheint entzündet und der Name, den ich so frisch und schimmernd in mir trage, gefriert zu Eiswürfeln – die ihn kühlen könnten. Ich lasse sie langsam zergehen, gurgle mit dem Schmelzwasser und verschütte dabei keinen Tropfen. Henri. Der Name ist schön. Ich mag ihn. Aber wir fremdeln. Ich stoße mich an ihm wie an noch nicht eingelaufenen neuen Schuhen. Noch. Hoffentlich gewöhne ich mich schneller an „Henri" als an meine Doc Martens. Mein Name soll nicht mit offenen Fersen hinken müssen, um dann irgendwann in der Ecke zu landen und voller Groll vergessen zu werden.

Dieser neue Name und ich sind wie zwei Bilder, die übereinandergelegt die Schwächen des flüchtigen Abpausens offenbaren.

Das Ungewohnte ist das eine. Hinzu kommt, dass ich mich nicht traue, offen zu dieser neuen Existenz zu stehen. Sie für mich zu beanspruchen und sie mir zu eigen zu machen. Eins mit ihr zu werden und nicht zwei unverbundene Punkte auf dieser Welt.
Bin ich schon männlich genug? Merkt man mir irgendetwas an? Meine Stimme ist eine holprige Landstraße, auf der man nicht allzu schnell vorankommt und nach kurzer Strecke in der Ödnis landet. Mein Gesicht hat die Form eines erstaunten Mundes und

Kanten finden sich höchstens in meinen Versuchen, einen Small Talk aufrechtzuerhalten. Ab wann darf ich voller Überzeugung und mit Schwurhand als „er" von mir sprechen, kernig „Henri" hervorstoßen, wenn ich nach meinem Namen gefragt werde, ohne weiter darüber nachdenken zu müssen?

Ich weiß es nicht. Gerade ist allerdings auch nicht der richtige Zeitpunkt, um ein inneres Plenum abzuhalten. Die Gruppe erwartet eine Zusammenfassung der eigenen Existenz, kurzum: meinen verdammten Namen. Ich verdränge Luft in diesem Raum, also bin ich wohl.

*„**Henri**", sage ich minimal intensiver, aber zumindest laut genug, um die Runde zu befriedigen. Sie wendet sich der nächsten Person und dann Themen zu, die vorgeben, Weltgeschehen zu sein.*

Ich zupfe an meinem Pullover und versuche, etwas Luft unter all den Kleidungsstücken zirkulieren zu lassen. Mittlerweile habe ich eine eigene Klimazone entwickelt, so sehr bin ich mein eigenes Weltgeschehen und so heiß ist mir.

Ich sitze in einem geschlossenen Raum, in dem kein Schneesturm herrscht, und verbreite Winter. Ich trage eine dicke Jacke sowie Mütze, T-Shirt, Pulli. Eine Hose natürlich auch. Allerdings nur eine. In Berlin muss man das bisweilen dazusagen. Mein Rücken tut weh wegen des nicht nur wenig schicken, sondern auch massiv zu engen Sport-BHs, der die vermaledeite Brust an die Wirbelsäule nageln soll, und ich schwitze ganze Baggerseen. Hauptsache nicht zu viel Form enthüllen. Unplakatierte Litfaßsäule, die keinerlei Informationen bietet.

Ich kann der Diskussion nicht folgen, weil ich zum einen einem Kreislaufkollaps nahe bin und zum anderen, weil ich eigentlich

nur darüber nachdenke, ob jemand ahnt, dass ich trans bin. Mir
auf die Schliche kommt. Es wäre einfach schön, ohne Holpern in
einer Gruppe aufgenommen zu werden.
Um mich als interessierten Teil des Kapitalismus und meiner
Arbeit zu zeigen, nicke ich in regelmäßigen Abständen wie ein ir-
gendwann angestoßenes Perpetuum Mobile des Wohlwollens.
Die einzige relevante Frage ist, wie meine neue Existenz und ich
keinen Schatten auf diese sonnige Debatte werfen und bald an
die frische Luft können, bevor uns eine Ohnmacht ereilt.

**Christina: Vielleicht sollten wir mal mit einer ganz schnöden
Begriffsklärung anfangen, Henri. Es gibt ja viele Wörter, mit
denen trans Menschen sich beschreiben oder sie beschrieben
werden: transsexuell, transgender, trans oder transident zum
Beispiel. Welche Bezeichnung verwendest du? Und warum
die anderen nicht?**

Henri: Okay, sehr gut, ich packe all mein Wissen aus. Trans
und transgender sind Überbegriffe für Menschen, die sich nicht
oder nur teilweise mit dem bei ihrer Geburt eingetragenen Geschlecht identifizieren. Du kommst auf die Welt, in deiner Geburtsurkunde steht zum Beispiel „weiblich", aber das deckt sich
nicht mit dem, was du fühlst.
Transident ist mal als Alternative zu transsexuell eingeführt
worden, weil man klarmachen wollte, dass Transsein eben
nichts mit der sexuellen Orientierung zu tun hat, sondern mit
der Identität.

Es gibt trans Personen, die für sich selbst trotzdem noch das Wort transsexuell benutzen, ich tue das nicht. Ich finde den Begriff veraltet und schwierig, auch, weil er sehr mit Krankheit, einer Pathologisierung und Stigmatisierung verbunden ist. Man denke nur an das in Deutschland geltende, unsägliche „Transsexuellengesetz" von 1981, das hoffentlich bald durch das Selbstbestimmungsgesetz abgelöst wird. Im TSG, kurz für Transsexuellengesetz, steht, dass man zwei Gutachten einreichen muss, in denen bestätigt wird, dass man trans ist und sich das auf keinen Fall jemals ändern wird.

Trans als Adjektiv ist mein Favorit. Warum? Mir wäre es am liebsten, wenn trans ein Aspekt wäre, der mich beschreibt. Wie die Tatsache, dass ich blaue Augen habe, meine Haare größtenteils braun sind, ich irgendwo in besagten Haaren einen Wirbel habe, der jegliche sinnvolle Frisur unmöglich macht, laute Geräusche mich erschrecken, mein Blick immer etwas bewölkt aussieht und, und, und. Eine Eigenart von vielen anderen, auf die ich keinen Einfluss hatte. Die da ist. Keine Lücke, in die andere ihr Mitleid, ihren Hass oder ihre Faszination pflastern können. Nichts Defizitäres. Eine Ergänzung zu dem, wer ich bin. Geschlechterklischees finde ich zwar etwas fad, aber wenn man in dieser Kiste kramen will: Ich hatte keine Puppen, habe mich geweigert, Kleider zu tragen, und alles Weibliche an mir verachtet. Und eigentlich auch überhaupt nicht in Betracht gezogen. Das war von Anfang an so. Ganz gleich, ob es jetzt um Äußerlichkeiten oder Verhaltensweisen ging. Weiblichkeit war mir fremd, eine vernuschelte Sprache, die ich überhaupt nicht verstanden habe, egal wie sehr ich zuhörte.

Ich erinnere mich an einige Momente, in denen du *lost in translation* warst – zum Beispiel, wenn es um so klischeehaft weiblich konnotierte Dinge ging wie Schminken –, und ich kurz befürchten musste, du würdest dir mit meiner Wimperntusche die Zähne putzen wollen.

Macht man das nicht so?

Genug der Albernheiten! Wir klären hier wichtige Begrifflichkeiten! Trans also: Manche Menschen schreiben trans, andere bevorzugen die Schreibweise trans*, also mit einem Sternchen am Ende. Das Sternchen schreibe ich – aber sprechen tu ich's nicht, oder? Beim Gendern macht man da diese kurze Pause.

Korrekt. Wenn das Sternchen als Platzhalter für alle Geschlechter fungiert, nicht nur für binäre, und du danach noch etwas dranhängst – nehmen wir als Beispiel das Wort „Bäcker*in" –, machst du beim Sprechen nach dem Sternchen eine kurze Pause. Um es mal zu versinnbildlichen: Bäcker(Pause)in. Nicht sehr verzwickt, oder? Man macht keine Klick- oder Knarzgeräusche, um das Sternchen darzustellen. Nur für den Fall, dass das irgendwer behauptet.

So ist es beim Gendern. Jetzt zu meiner Disziplin. Auch beim Wort trans* wird das Sternchen nicht laut mitgesprochen. Du sagst also nicht extra „Sternchen". Ich möchte noch erwähnen, dass nicht alle trans Menschen das Sternchen verwenden, weil sie es als Selbstbezeichnung für sich nicht passend finden. Ich verwende es zum Beispiel nicht, weil ich das Sternchen als Platzhalter sehe. In meinem Fall für männlich, also transmännlich.

Du hast vorhin gesagt: „Das war von Anfang an so", dass du nichts Weibliches für dich in Betracht gezogen hast. Trotzdem hat es ein Weilchen gedauert, bis dir klar wurde, dass du trans bist. Wann und wie kam es schließlich dazu?

Ich habe irgendwo einen Artikel zum Thema gelesen, wo genau, erinnere ich nicht mehr. Irgendwas hat in mir danach angefangen zu klingen und ich musste wissen, warum mich dieser Artikel so berührt hatte. Eine unbestimmte Resonanz auf das Gelesene war da. Ich habe das komplette Netz durchgraben, YouTube-Videos geschaut, mich bei Instagram informiert, alles aufgesogen, was ich finden konnte. Und, kurzer Einschub, nein, das Internet hat mich nicht trans gemacht, es hat schlicht gar nichts damit zu tun.

Wann habe ich es kapiert? Es gab nicht diesen einen erleuchtenden Moment, in dem mir auf einmal klar wurde, was Fakt ist. Vielmehr war es ein Freilegen und Abschälen von Zweifeln, Ängsten und Sorgen, bis irgendwann die Gewissheit da war, dass all der Hass und die Wut auf mich und meinen Körper vom Transsein rührten. Vieles hat auf einmal Sinn ergeben, die ganzen Kämpfe, die Verzweiflung, das Falsch-Fühlen. Natürlich gab es vorher ab und an das Aufflackern einer Ahnung, sie ist jahrelang um mich herumgeschlichen, aber ich habe sie immer wieder weggedrückt, weil ich sie nicht verstanden habe. Weil ich Angst hatte. Weil ich todunglücklich war, dieses Unglück mir aber zumindest vertraut war und mir eine Art Sicherheit gegeben hat. An wen sollte ich mich wenden? Wie könnte das alles funktionieren mit der Transition? Selbst als ich eigentlich schon wusste, dass es für mich nur eine sinnvolle und wahre Richtung geben kann, habe ich mich noch gesträubt. Aber es gibt halt nur eine Wahrheit, die man leben kann, in meinem Fall war und ist es die, trans zu sein.

Und dann hast du es irgendwann uns, deinen Freund*innen mitgeteilt. Da hast du dir wieder ziemlich viele Gedanken gemacht, oder?

Du kennst mich, soziale Interaktion ist oftmals etwas sperrig und unhandlich für mich ... Wie viele Gedanken über Gespräche ich mir im Vorfeld gemacht habe! Wären sie aus Stoff gewesen, hätte ich ganz Deutschland einen schönen Wintermantel nähen können. Ich erinnere mich, wie lange es in den ersten persönlichen Gesprächen gedauert hat, bis ich mein Anliegen über die Lippen gebracht habe. Zu sagen: Ich bin trans und das heißt das und das. Ein einziges Herumgedrucke und Gestotter. Ein Fehlen von Worten. Sehr anstrengend. Ich hatte wirklich überhaupt keinen Wortschatz, keine Werkzeuge, um zu sagen, was los ist. Um es mir und allen Beteiligten etwas weniger qualvoll zu machen, habe ich einen Post für Facebook verfasst. Ich habe ein Bild von mir mit gephotoshopptem Schnurrbart hochgeladen und gesagt, dass mir nicht deswegen ein stolzer Schnurri wächst, weil das Berliner Trinkwasser verseucht ist, sondern weil ich trans bin. Und noch ein paar erklärende Zeilen. Das habe ich auf der Seite meiner Band und bei mir privat gepostet. Danach habe ich mein Handy ausgeschaltet, weil ich mich gefürchtet habe. Nach einem Tag habe ich den Mut aufgebracht, es wieder anzumachen. Entgegen meiner Erwartungen, war die Welt nicht untergegangen. Ganz im Gegenteil, die Reaktionen waren immens freundlich. Danach habe ich mir das Stammeln gespart und immer nur den Link zum Post geschickt, wenn ich es jemandem sagen musste. Ob das Berliner Trinkwasser wirklich okay ist, weiß ich tatsächlich gar nicht.

Was mir in der Rückschau auffällt: Eigentlich hast du es erst gesagt, als du diese Wahrheit für dich sicher wusstest.
Weil dir klar war, dass wir dir vorher keine Hilfe sein würden, oder warum?

Ich wusste selbst nicht, was ich machen soll oder wie eine Hilfe hätte aussehen können. Vermutlich habe ich es aufgrund meiner Angst, wie ihr reagieren oder was ihr davon halten würdet, hinausgezögert. Woher sollte ich wissen, was ihr denkt, was ihr erwidert? Es stimmt, dass ich zu Katastrophenszenarien neige, aber dennoch: Was, wenn sich alle von mir abgewendet hätten? Wenn mein Leben sich komplett verkantet und ich schlussendlich ganz alleine dagestanden hätte? Ohne Freund*innen, Arbeit, irgendeine Form des Zusammenhalts? Es hat mich maximale Überwindung gekostet, es den Leuten zu sagen, mich mit den Reaktionen auseinanderzusetzen und letztlich auch einzelne Personen oder Umstände zurückzulassen. Aber es ging nicht anders. Und ich möchte noch etwas anmerken: Die Gewinne übersteigen heute die Verluste bei Weitem.

Ich erinnere mich, dass ich da viel drüber nachgedacht habe, damals bei deinem Coming-out: Wie du dich wohl fühlen magst, wie das wohl ist, wenn das Empfinden so anders ist als die körperliche und soziale Realität. Es gibt ja so viele klischeehafte Formulierungen, wenn's ums Transsein geht: „Im falschen Körper geboren" zum Beispiel. Ich weiß aber nicht so recht, was das eigentlich aussagen soll. Wie kann man denn treffender beschreiben, wie es sich anfühlt, trans zu sein?

Ich versuche am besten, mein eigenes Gefühl vor der Transition zu beschreiben, denn zu sagen, dass trans sein sich bei allen, die trans sind, exakt gleich anfühlt, wäre schlicht falsch. Es mag für manche erstaunlich klingen, aber trans Menschen sind Individuen mit ebenso individuellen Gefühlen, Eigenschaften und Ansichten. Wie der Rest der Menschheit eben auch. Wie auch immer. Als ich 2016 meine Transition begonnen habe, war ich Kolumnist bei der Berliner Zeitschrift Siegessäule, einem queeren Stadtmagazin, und sollte in meiner Kolumne erklären, warum auf einmal ein anderer Name über selbiger stand. Henri Maximilian Jakobs. Tagelang habe ich überlegt, wie man so ein großes Thema und die vernichtende Empfindung sich selbst gegenüber anderen Menschen am besten verdeutlichen kann.

Ich habe dann Folgendes geschrieben:

Es soll im Leben nicht um Äußerlichkeiten gehen, sagt man. Und das ist richtig. Doch wenn das Äußere und das Innere beständig Stunk miteinander haben, und das Armdrücken kein Ende nehmen will, muss man sich um Versöhnung kümmern und justieren. Will man sich ewig vor dem eigenen Glück verstecken? Ist man nicht erst dann komplett, wenn alles miteinander harmoniert? Das Innen und das Außen? Dass es keinen Sinn ergibt, irgendwann am Ende des Lebens über „hätte, wäre, wollte" zu schwadronieren?

Aber wie erklärt man jemandem, dass man nicht das ist, was der Spiegel so hergibt? Dass sich jeder Tag als Frau (in meinem Fall) anfühlt, als würde man gezwungen werden, als Vegetarierin in einem Garnelenmobil durch die Stadt zu fahren und dabei mit Bratwürsten dekoriert auf der Hupe „I like to move it" zu spielen. Wobei das Verzwickte ist, dass es sich beim Garnelenmobil um den eigenen Körper handelt, in dem man täglich herumeiern muss.

Vielleicht sollte ich die Vergleiche auch einfach sein lassen und sagen, dass es furchtbar und scheiße ist, sich so unglaublich grundsätzlich falsch zu fühlen. Egal, ob man für die Außenwelt formidabel aussieht oder wie die Kreuzung aus einem Schakal und einer Forelle. Dass man nie richtig genug sein kann, für das, wie falsch man sich fühlt.

Das mit dem Garnelenmobil ist natürlich maximal flapsig, schon klar, aber dieser erwähnte falsche Körper verursacht kein einfaches Unwohlsein und Bauchzwicken. Nicht im Ansatz. Er war in meinem Fall der Grund für eine durchgehende Verzweiflung, wie ein transplantiertes Organ, das ich abstoßen wollte. Aber wie erklärt man etwas, womit sich die meisten Menschen nie so existenziell auseinandersetzen oder zumindest damit hadern? Also, ob sie sich als Mann oder Frau fühlen.

Ich bin nie ins Leben eingerastet, habe Antworten gesucht und dabei nicht einmal die Frage gekannt. Das Einzige, das ich hatte, war ein formloses Ahnen, ein Verdrängen dieses Ahnens, abgehängte Spiegel, abgehängtes Sehnen nach einem Anderssein, immenser Selbsthass. Ich war unglücklich, selbst, wenn ich glücklich war. Ich habe nie etwas Enges angezogen, weil ich mich nicht mit dem, was ich dadurch preisgegeben hätte, auseinandersetzen wollte. Alles, was mit meinem Körper zu tun hatte, war mit Abneigung und Abscheu verbunden. Leider hat im Leben sehr viel mit dem eigenen Körper zu tun, denn man steckt bekanntlich andauernd in ihm. Wenn ich an einem Schaufenster vorbeiging, habe ich die Augen zusammengekniffen oder weggeschaut. Immer.

Es gab nie dieses Sonnen und Schwelgen im Spiegelbild. Nur ein Unscharfstellen des Blicks, um die Konturen verschwimmen zu lassen.

Um es drastischer zu formulieren: Hätte ich mich auf der Straße liegen sehen, ich hätte mich nicht aufgehoben. Lange habe ich gedacht, dass ich halt einfach depressiv bin, weil das Leben dazu einlädt. So vieles läuft schief auf der Welt, wie soll man da froh sein? Glück, ist das je mehr als ein flüchtiges Aufblitzen? Der omnipräsente, allgemeine Weltschmerz, eine verkorkste Kindheit, unmöglich, da nicht depressiv zu werden. Das mag zwar stimmen, ist aber nicht alles. Die Wahrheit sitzt tiefer im Fleisch. Man sieht sich auf Bildern, alle sagen, dass man das ist, und theoretisch weiß man auch, dass man das ist, aber es stimmt nicht. Man ist es nicht. Man ist nur die schlecht gezeichnete Version der Person, die in einem vergraben ist. Als wäre das eigentliche Abbild übermalt worden. Man fühlt sich wie 2+3=7, grundfalsch, egal wie viele andere Menschen sagen, dass man so geboren wurde und richtig ist.

Jetzt steht in deinem Pass Henri, du hast einen Bart und sprichst im Bariton. Dein Körper hat sich auch ganz schön verändert. Ist 2+3 jetzt 5?

Bariton! Dir ist doch klar, dass ich darauf sofort anspringe. Du weißt ganz genau, dass ich gerne die sonore Stimme eines Barry Whites hätte. Aber zurück zu deiner Frage: Wenn man es so ausdrücken will, bin ich jetzt definitiv eine Fünf. Eine sehr gute und formschöne Fünf. Ich muss nicht mehr im Dunkeln duschen, kann in den Spiegel schauen, an manchen Tagen macht mein Körper mich sogar vorsichtig euphorisch. Aber auch sonst sind so viele Situationen voller Jubel. Wenn ich irgendwo mit meinem Namen aufgerufen werde, schäme ich mich nicht mehr, in der Umkleidekabine komme ich mir nicht mehr wie ein Eindringling oder Spanner vor, manchmal grinse ich immer noch in mich hinein, wenn ich das korrekte Pronomen höre. Es sind so viele kleine Teile, die sich jetzt so zusammengesetzt haben, dass sie stimmen, dass ich stimme. Ich bin nicht mehr der falsche Ton im Lied, sondern komplett harmonisch wohlklingend, um etwas Musiktheoriewissen raushängen zu lassen.

Wir kennen uns jetzt schon sehr lang – und ich habe deinen Weg Richtung Harmonie ja live mitbekommen. Es gibt aber sicher 'ne Menge cis Menschen, also Leute, die selbst nicht trans sind, die noch nie ein Coming-out, eine Namensänderung und / oder eine Transition bei jemand anderem miterlebt haben: Was waren für dich die allerwichtigsten Schritte?

Das ist nicht ganz leicht zu beantworten, weil sich der ganze Prozess aus so vielen Schritten zusammensetzt und die tatsächliche Umsetzung dann auf zwei Ebenen stattfindet, der medizinischen und der rechtlichen.
Ich biete mal sehr serviceorientiert den kleinen Überblick, den ich damals nicht hatte. Also, das Medizinische ... Wenn man eine Hormontherapie und Operationen möchte, braucht man zuallererst eine*n Therapeut*in. Warum? Weil eine gewisse Anzahl an Therapiestunden benötigt wird, damit die Krankenkasse die Behandlungen genehmigt. Um die Hormontherapie zu starten, braucht man eine Indikation zur Hormonbehandlung. Mit der geht man dann entweder zur*m Hausärzt*in oder zur*m Endokrinolog*in. Dort wird mittels eines Blutbilds der aktuelle Hormonstatus bestimmt. Das muss gemacht werden, damit die

Krankenkasse nicht motzt und eventuell bei der weiteren Behandlung streikt. Einen Antrag bei der Krankenkasse muss man nicht stellen. Immerhin! Und weil ich das so oft gefragt werde: Man bekommt nicht nur einmal eine Spritze und das war's. Stand heute geht diese Hormonersatztherapie das ganze Leben lang weiter.

Geschlechtsangleichende Operationen müssen ebenfalls zuerst von der Krankenkasse genehmigt werden. Dazu stellt man einen Antrag. Die Krankenkasse leitet ihn an den Medizinischen Dienst der Krankenkassen (MDK) weiter, wo er von einer begutachtenden Person geprüft wird. Die Gutachten lauern einfach überall. Was wird geprüft? Einiges. Und zwar:

Ob man eine Therapie gemacht und mindestens sechs, bei trans Frauen zwölf, Monate Hormone genommen hat. Ob die Befunde und Berichte vollständig sind.

Ich bin so frei und kopiere die geforderten Unterlagen einfach mal ganz nüchtern hier rein:

- *konkreter Leistungsantrag des/der Betroffenen möglichst mit Bezeichnung aller kurz-, mittel- und langfristig angestrebten geschlechtsangleichenden Maßnahmen*
- *Krankenkassendaten über bisher durchgeführte Maßnahmen, Namen der behandelnden Psychotherapeut*innen, Psychiater*innen, Endokrinolog*innen, Gynäkolog*innen / Urolog*innen*
- *von dem*der Versicherten eingereichte Befundberichte / Entlassungsberichte*

- *psychiatrisch/psychotherapeutischer Behandlungs- bzw.*
  Verlaufsbericht
- *Behandlungsberichte (der Endokrinologie, Gynäkologie /*
  Urologie)
- *fachärztliche Befunde je nach beantragter Leistung*
- *psychiatrisch/psychotherapeutische Indikationsstellung*
- *somatisch-ärztliche Indikationsstellung*

Mir schwirrt der Kopf.

Frag mal, wie es mir ging! Aber weiter, es gilt noch so viel herauszufinden: Ob wirklich die Diagnose „Transsexualismus" vorliegt. Ob psychische Komorbiditäten ausgeschlossen werden können. Ob ein krankheitswertiger Leidensdruck vorhanden ist. Ob man auch schön seine Alltagserfahrungen gesammelt hat. Ob die Indikation für die beantragte Maßnahme nachvollzogen werden kann. Ob ein Aufklärungsgespräch mit der*m behandelnden Ärzt*in erfolgt ist. Kommst du noch mit?

Halbwegs.

Okay. Und dann, wenn alle Unterlagen vollständig sind, prüft der MDK den Antrag und spricht der Krankenkasse seine Empfehlung aus, ob sie die Operation(en) genehmigen soll oder nicht.

Jetzt will ich natürlich keinen Menschen zu nahe treten, die vielleicht gerade unser Buch lesen ... und Mitarbeiter*in des

Monats bei einer Krankenkasse sind. Aber: Wollen sich die Krankenkassen nicht irgendwie immer davor drücken, teure Behandlungen ihrer Versicherten zu bezahlen?

Ich behaupte mal ganz kess, dass das stimmt. Klar, Krankenkassen denken wirtschaftlich. In Bezug auf alle Behandlungen und Eingriffe. Wenn sie Ausgaben vermeiden können, tun sie das. Das Prozedere ist nicht per se transfeindlich, sondern kapitalistisch. Ob das mit einem patientenorientierten Gesundheitssystem zu vereinbaren ist, ist die andere Frage. Egal. Was alles an Unterlagen und Berichten eingereicht werden muss, dass so viel psychopathologisiert wird und welche Untersuchungen gefordert werden, finde ich fragwürdig.

Du hast von einer medizinischen und von einer rechtlichen Ebene gesprochen.

Genau. Das Rechtliche ist die andere Ebene. Um seinen Personenstand und den Namen angleichen zu lassen, stellt man einen Antrag beim Gericht. Daraufhin bekommt man zwei Gutachter*innen zugewiesen. Von diesem Akt erzähle ich später noch ausführlicher. Hat man die Gutachten, wird einem vom Gericht ein Termin für eine Anhörung zugeteilt. Bei der Anhörung entscheidet der*die Richter*in dann, ob man seinen Personenstand und Namen angleichen lassen darf oder nicht. Die Kosten für die Gutachten und das Verfahren trägt man selbst.

Wie viel kostet das?

Den Preis legen die Gutachter*innen selbst fest. In meinem Fall hat ein Gutachten etwas über 600 Euro gekostet. Zwei Stück habe ich gebraucht.

Fällt die Entscheidung des Gerichts positiv aus, bekommt man per Post zuerst den vorläufigen, verzichtet man auf einen Einspruch, ein paar Wochen später den rechtskräftigen Beschluss, mit dem man alle seine Dokumente ändern lassen kann.

Das klingt ermüdend. Und leider auch typisch für Deutschland und seine unverwüstliche Bürokratie. Die macht einen ja schon fertig, wenn man sich nur ummelden möchte – was einem selten so viel bedeutet, wie zum Beispiel dir die Änderung des Namens und des Personenstands.

Das ist richtig. Um auf deine eigentliche Frage zurückzukommen: Der wichtigste Schritt für mich, vor allem wegen des Gefühls, dass endlich etwas passiert, war die erste Spritze, also der Start meiner Hormonbehandlung. Deswegen feiere ich jedes Jahr mein Testo-Festo im April. Davor bestand mein Leben, wie schon beschrieben, aus Warten, mehr Warten, Therapie, Praxen abklappern, Informationen auftreiben, noch mehr Warten, Anträge stellen. Alles dauerte unfassbar lang und war unendlich zäh, weil an allem immer Fristen hingen. Für jeden Mini-Step nach vorne, ging es drei zurück. Wie einbeinig Walzer tanzen. Davor habe ich mich damit rumgeschlagen, wie ich es meiner damaligen Partnerin sage, meiner Familie, Freund*innen, meinem Sportverein, auf der Arbeit. Ich weiß noch, wie lange ich vor dem Computer gesessen habe, um dir zu schreiben, was Sache ist.

Du hast mir Fotos von trans Männern geschickt, oder? Und dann so im Nebensatz: Könntest du dir vorstellen, dass ich das auch bin? So habe ich das in Erinnerung.

Das stimmt, so war es. Ich habe dir Instagram-Posts und You-Tube-Videos geschickt, weil ich da am meisten gelernt und gefunden hatte.

Was hab ich dann gesagt? Ich weiß es nicht mehr.

Ich glaube, du meintest: „Ah okay, na gut, warum nicht! Ich muss mal eben arbeiten gehen." Oder essen? Ich erinnere mich nicht genau. Das waren jedenfalls so ungefähr deine Worte. Ich fand sie beruhigend.

Beruhigend, weil unaufgeregt und „normal"?

Richtig. Das war ein guter Einstieg ins Coming-out-Game für mich. Allerdings habe ich recht flott gemerkt, dass deine Reaktion nicht der Standard ist.
Die meisten, denen ich davon erzählt habe, haben mich entweder mit riesigen Kulleraugen angeschaut und nicht verstanden, was ich vor ihnen ausbreite, oder mich gefragt, ob ich mir einen sehr großen Pimmel machen lasse.

Diese Frage nach dem Pimmel ...
immer wieder.

Mit einer Ausnahme. Ich erinnere mich, dass ich einer Freundin geschrieben habe und sie gar nicht wirklich auf mein Coming-out reagiert hat. Nur ein freundliches digitales Kopfnicken und nächstes Thema. Was mich maximal verwirrt hat, weil ich es so gewohnt war, dass ich alles erst lang und breit erklären muss.

Als ich sie gefragt habe, ob sie auch wirklich verstanden hat, was ich ihr mitgeteilt habe, meinte sie nur: „Logisch, habe ich kapiert. Ist doch super. Ich freue mich für dich." Entweder sie ist eine wahre Meisterin der guten Reaktion oder sie denkt bis heute, dass ich der Chef des Hanse Trans Logistikunternehmens bin.

Das wär natürlich was. Aber zurück zu deinen wichtigen Schritten während der Transition!

Die wichtigen Schritte. Richtig. Es war ein riesiger Berg. Und ich in Slippern davor. Nach der ersten Spritze: erneutes Warten. Auf das Einhalten der Fristen, Untersuchungen, von der Krankenkasse genehmigte Anträge, Gutachten, den Gerichtstermin, Beratungen für die OP, dann die OP, den vorläufigen Gerichtsbeschluss, den rechtskräftigen Gerichtsbeschluss zur Namens- und Personenstandsänderung, das Aktualisieren all meiner Dokumente, Termine beim Bürgeramt ... es waren viele. So viele, dass ich mehrere Paar Schuhe verschlissen habe, um es plakativ auszudrücken. Ach, und einen besonders perfiden

Gag hatte der Staat zum Schluss auch noch in petto. Im rechtskräftigen Beschluss zur Namens- und Personenstandsänderung stand: „Die Antragstellerin ist dem männlichen Geschlecht zuzurechnen." Danke, Staat.

Ein Hoch auf das Behördendeutsch!
Ich erinnere mich aber, wo es total respektvoll abgelaufen ist:
bei deiner OP in Hamburg. Damals stand in deinem Pass noch
der alte Name, aber da warst du einfach Henri. Das stand auch
auf allen Dokumenten und dem Plastikarmbändchen, das du
vor der OP verpasst bekommen hast.

Das ist wahr. Hamburg war eine schöne Erfahrung, also abgesehen davon, dass ich panische Angst vor Krankenhäusern und OPs habe. Das Personal war extrem freundlich, offen und unaufgeregt. Und wie du sagst, es war das erste Mal, dass ich den neuen Namen auf offiziellen Dokumenten gesehen habe. Henri. Herr Jakobs. Alles ohne Starren und Köpfe, die sich in meine Richtung drehen, wenn ich aufgerufen wurde. Ich konnte ein wenig an dem schnuppern, was irgendwann sein würde, einer neuen und ruhigen Normalität. Einem unspektakulären Alltagsfrieden. Amüsanter Funfact: Die Station, auf der ich war, hat sich direkt neben der Entbindungsstation befunden. Dicht an dicht haben sich zwei Arten von Neugeborenen getummelt. Das hat mich sehr erheitert und war mir immer ein schönes Bild.

In der Rückschau: Was hat dich am meisten belastet?

Das ewige Warten hat mich fertig gemacht. Ich hatte so lange gegrübelt, gelitten, endlich die Entscheidung getroffen und dann sagen der Staat und die Krankenkasse: „Ha, nein! Wir haben da auch noch ein Wörtchen mitzureden!" Bis der ganze Prozess vollzogen war, ist eine Ewigkeit vergangen. Und das hat nichts damit zu tun, dass ich kein pfiffiges Organisationstalent bin, das seinen Kalender nicht im Griff hat. Sondern damit, dass der ganze Prozess fremdbestimmt ist. Dieses Angewiesensein auf die Gunst von anderen. Zum Beispiel bei den Gutachten. Du gehst zu wildfremden Gutachter*innen und musst dich ein ums andere Mal nackt machen und dich erklären, dich beweisen. Du musst erzählen, wie du Sex hast, ob du eher aktiv oder passiv bist, wie du zu Penetration stehst, ob du missbraucht wurdest, was du für Hemmungen oder Vorlieben hast, wie die Beziehung deiner Eltern war, ob die Ehe geschieden wurde, wie das für dich war usw. Lauter grotesk schlimme Fragen.

Mit der medizinischen Betreuung ist es auch so eine Sache. Ich musste in Praxen anrufen, um herauszufinden, ob bestimmte Behandlungen wie Hormontherapien angeboten werden, und wusste nicht, wie man auf mich als trans Menschen reagieren wird. Das geht mir heute noch so, wenn ich mal zu anderen Ärzt*innen als meinem Hausarzt gehe. Das Fürchten sitzt eigentlich immer neben mir im Wartezimmer. Unser Gesundheitswesen ist nicht für trans Menschen gemacht.

Umso schöner natürlich, dass es da zumindest Ausnahmen gibt. Als du in Hamburg operiert wurdest, war das ja auf einer reinen Station für trans Männer. Von einem Arzt, der darauf spezialisiert ist, etc.

Korrekt. Es gibt Ausnahmen. Natürlich gibt es die. Es wäre falsch zu sagen, dass durch die Bank alle kacke sind. So schwarz-weiß sind nur Filme aus den 1920ern. Die Station und der Arzt in Hamburg waren super. Mein Therapeut ist Spitzenklasse. Die Therapeutin, die mich während meiner Transition begleitet hat, hatte keine Erfahrungen in Sachen trans und hat extra eine Fortbildung gemacht, um mir zu helfen. Wie gut ist das? In diesen Punkten hatte ich wahnsinniges Glück. Vielleicht ist es auch der Tatsache geschuldet, dass ich in Berlin lebe.

Was ich bemängle, ist, dass das Thema Transsein in der medizinischen und therapeutischen Ausbildung bisher noch nicht stattfindet, und man nie weiß, auf welchen Erfahrungsstand und auf welche Einstellung man bei seinem Gegenüber trifft. Kennt die Person sich aus? Ist sie aufgeschlossen? Worauf muss ich mich einstellen? Das System an sich hinkt krass hinterher.

Der Stand ist nicht, trans Menschen als die bereits erwähnte Normvarianz zu behandeln, sondern als Kuriosum, das man irgendwie nicht verorten kann.

Wenn ich für diesen ganzen Prozess der Transition einen Vergleich finden sollte, um ihn dir anschaulich zu erklären: Stell dir vor, du gehst mit einer Blinddarmentzündung zu einem Arzt und sagst: „Mir ist so schlecht, ich habe solche Schmerzen, können Sie mir helfen", und er antwortet: „Hm, na, das wollen wir mal sehen, vielleicht bilden Sie sich das ein. Erzählen Sie mir in zwölf Monaten noch mal davon, bis dahin schauen Sie, wie Sie klarkommen. Lenken Sie sich doch etwas ab! Vielleicht ist das nur eine Phase! Außerdem brauche ich tausend Atteste und Indikationsschreiben, um wirklich zuhören und glauben zu können. So richtig überzeugt bin ich noch nicht. Vielen Leuten ist mal schlecht! Bis bald, tschüüüüss!"

Erinnert mich an manchmal heute noch bei gynäkologischen Beschwerden geäußerte Vorhaltungen wie: „Puh, stellen Sie sich doch nicht so an, da müssen Frauen seit Jahrtausenden durch. Sie kommen mir aber schon etwas wehleidig vor, woher das kommt, keine Ahnung, wahrscheinlich von den Hormonen. Müsste man mal zu forschen, aber solange es nur Menschen mit Uterus betrifft, gibt's wichtigere Forschungsthemen." Sauätzend jedenfalls. Es ist auch potenziell lebensbedrohlich, wenn, um in deiner Analogie zu bleiben, die Schmerzen von, sagen wir mal, einem Blinddarmdurchbruch kommen. Für wie gefährlich hältst du dieses ewige Warten, Nicht-Vorankommen, Vertrösten?

Ich wage zu behaupten, dass meine Transition eine lebensrettende Maßnahme war und ist. Ohne wäre es für mich einfach nicht weitergegangen. Punkt. Im Nachhinein bin ich oft verwundert und beeindruckt, was ich alles durchmachen und überstehen musste, um der sein zu dürfen, der ich bin. Und dass ich alles durchgemacht und überstanden habe. Während der Transition habe ich den ganzen Horror weggedrückt und mich einzig auf das konzentriert, was ich erreichen wollte. Offiziell Henri sein. Für immer. Tunnelblick und Verdrängung für dieses Ziel. Die Erkenntnis darüber, was für ein schrecklicher Prozess das war, kam erst, nachdem das meiste geschafft war und ich ein wenig zur Ruhe kommen konnte.

Das Warten und Stagnieren war demütigend und frustrierend. In einer Phase, in der man sowieso total aufgeweicht und ohne Haut ist, wünscht man sich doch eigentlich, dass man unterstützt und nicht ständig mit Steinen beworfen wird. Dass der Staat seiner viel gerühmten Fürsorgepflicht nachkommt und einem hilft, wenn die Gesellschaft die Augenbrauen bei trans Belangen schon so permanent nach oben getackert hat. Drastisch formuliert, würde ich sagen, dass das Warten lebensbedrohlich sein kann.

Um mal ein paar Zahlen ins Spiel zu bringen: Auf der Pressekonferenz zum Welttag der Suizidprävention[1] wurden 2019 Statistiken aus Deutschland präsentiert, die belegen, dass junge trans Menschen einem fast sechsmal höheren Suizidrisiko ausgesetzt sind als andere Gleichaltrige[2].

Du hast ja vorhin schon vom TSG gesprochen. Das soll einem Selbstbestimmungsgesetz weichen, wenn's nach dir und vielen anderen Menschen geht. Warum?

1   *https://taz.de/Hamburger-Studie-zu-transMenschen/!5782283/*
2   *https://www.springermedizin.de/kongress-fuer-kinder--und-jugend-medizin-2021/transsexualismus/suizidgefahr-bei-jugendlichen-mit-transidentitaet-erhoeht/19760442*

Ich könnte es ganz kurz machen und einfach sagen, dass das bisherige Gesetz ein riesiger Scheißdreck ist. Aber da wir nach dem Prinzip „Tatsachen statt Meinung" arbeiten, will ich es ausführen. Im TSG steht, dass man zwei Gutachten einreichen muss, die bestätigen, dass man trans ist und sich das auf keinen Fall jemals ändern wird. Nie. Und dass man nicht psychisch erkrankt ist und sich deswegen einbildet, trans zu sein. Lapidar ausgedrückt. Eigentlich dreht sich dauernd alles darum, das allen zu beweisen.

Die erwähnten Gutachten sind teuer, Würde raubend und übergriffig. Ich habe es vorhin schon erwähnt.

In der ursprünglichen Fassung des TSG von 1981 wurde zudem gefordert, dass man sich zeugungsunfähig macht, also zwangssterilisieren lässt, um seinen Namen und Personenstand anzugleichen. Dieser Punkt wurde 2011 durch das Bundesverfassungsgericht aufgehoben. Der Bundesverband trans schätzt, dass deswegen von 1981 bis 2011 etwa 10.000 trans Menschen in Deutschland zwangssterilisiert wurden.[3] Bis 2008 musste eine Ehe, egal ob funktionierend oder nicht, geschieden werden. All das stand im TSG. Eine Entschädigung dieser Menschen wird seitens der Politik bis heute abgelehnt.

Permanent ist man abhängig von den Meinungen und Vorstellungen anderer, alles dauert extrem lang. Therapie ist sowieso immer Pflicht, immerhin könnten trans Menschen es so vielleicht schaffen, ihren abstrusen trans Irrweg zu beenden. In der Begutachtungsanleitung des GKV-Spitzenverbandes – das ist

3   *https://www.tagesspiegel.de/gesellschaft/queerspiegel/zwangssteri-lisation-von-trans-menschen-betroffene-muessen-entschaedigt-wer-den/25036576.html*

die zentrale Interessensvertretung der Krankenkassen – heißt es, dass eine Psychotherapie die „Betroffenen" bei ihrem langen und schwierigen Prozess unterstützen soll. Es könne immerhin auch sein, dass sie sich dafür entscheiden, ihre Transition nicht weiterzuverfolgen. Einigen wäre es mithilfe von Therapien auch möglich, die trans- oder gegengeschlechtlichen Gefühle in ihr biologisches Geschlecht zu integrieren, sodass sie nicht mehr das Bedürfnis hätten, ihren Körper zu feminisieren oder maskulinisieren. Aha.

Klingt ein bisschen so: Schau, bei manchen geht's auch ohne OP! Streng dich doch ein bisschen an und integriere dich und deine transgeschlechtlichen Gefühle.

Genau, denn wenn man sich nur ein bisschen mehr Mühe geben würde, dann müsste man den Staat nicht dauernd mit seinem Leben und seinem Unglück behelligen, und er könnte sich den wirklich wichtigen Dingen widmen. Dem Verkauf von Waffen oder so. Du siehst, ich versuche mich, mehr schlecht als recht, an Ironie. Um noch einmal auf den Satz in den Begutachtungsrichtlinien zurückzukommen: Konversionstherapie, also eine Therapie, die einen vom Transsein „heilen" soll, ist in Deutschland verboten, aber offenkundig scheint der Rahmen dessen, was eine derartige Therapie ist, recht weit gefasst zu sein.

Du weißt, ich bin prinzipiell durchaus ein Fan von Psychotherapien – sofern sie gut gemeint sind und gut gemacht werden. Bei dir klingt es gerade ein bisschen so, als ob die Therapie reine Pflicht und Schikane war.

Nein, auf keinen Fall. Ich bin sehr zufrieden mit meinem Therapeuten. Eigentlich finde ich, dass generell alle einmal eine Therapie machen sollten. Der Zustand der Gesellschaft schreit doch förmlich danach. Pauschales Therapie-Bashing finde ich unsinnig. Aber das ist wieder eine andere Debatte.

Zurück zu mir: Dass man während des ganzen Prozesses der Transition Unterstützung und Begleitung hat, ist hilfreich und sinnvoll. Bei mir gab es derart große Umbrüche und Veränderungen, innerhalb wie außerhalb, dass ich manchmal nicht wusste, wo mir der Kopf steht. All die Dinge, die ungefiltert auf einen einprasseln, um die man sich kümmern muss, die Umwelt, die plötzlich anders auf einen reagiert. Dass mir dabei jemand unter die Arme gegriffen und mit mir die Eindrücke und Erlebnisse sortiert hat, ergibt in meinen Augen ziemlich viel Sinn. Auch, dass gründlich über medizinische Behandlungen und Operationen aufgeklärt und beraten wird, finde ich eigentlich selbstverständlich. Hormone haben Wucht und Nebenwirkungen, das unterschätzen viele. Es ist wichtig, gut eingestellt zu sein, damit der Körper keinen Schaden nimmt und man nicht permanent mit Stimmungsschwankungen herumlavieren muss. Und das sage ich nicht nur, weil ich Hypochonder bin. Gleiches gilt für Operationen. Meine OP hat vier Stunden gedauert, das war ein großer Eingriff. Natürlich wollte ich darauf vorbereitet, aufgeklärt und informiert sein.

Was mich aber stört, sind die Vorurteile und das Unwissen vieler medizinischer Fachkräfte, das komplett diskriminierende TSG und dass Transsein derart häufig als Verwirrung dargestellt wird. Ich wünsche mir, gut und respektvoll behandelt zu werden. Sowohl menschlich als auch medizinisch. Ich will Aufgeklärtheit, Offenheit und unterstützende Fachkräfte, die nicht psychopathologisierend arbeiten, sondern zum Wohle ihrer Patient*innen. Ergebnisoffen.

Transsein ist nicht die Ursache allen Übels, sondern eine Varianz der Norm.

Ich komme mir langsam vor wie ein gut trainierter Papagei oder ein Laienprediger, weil ich mich so oft wiederhole. Und jetzt der rechtliche Aspekt: Das Absurde an all dem bürokratischen Bohei ist, dass niemand außer man selbst betroffen ist und man trotzdem Beweis um Beweis für das Recht auf die eigene Existenz sammeln muss.

Zu guter Letzt stehst du dann vor Gericht, und die richtende Person entscheidet, ob deinem Antrag stattgegeben wird oder nicht. Als hätte einen der Nachbar verklagt, weil der eigene Apfelbaum zu weit in seinen Garten reicht und er sich davon sehr eingeschränkt und gestört fühlt. So kommt es mir zumindest vor. Ziemlich viel Action on the road to Henri.

Das neue Gesetz, genannt Selbstbestimmungsgesetz, will, dass trans Menschen selbstbestimmt über sich und ihr Leben entscheiden können. Es soll die Angleichung des Personenstands und des Namens erleichtern. Ziemlich eindeutig bereits am Namen zu erkennen. Wer soll es denn besser wissen als wir? Die medizinische Seite der Transition ist davon nicht betroffen. Die Begutachtungspflicht soll wegfallen. Eigentlich recht logisch, dass alle für sich entscheiden dürfen, wer sie sind. Ich verstehe überhaupt nicht, warum immer alle denken, die Welt würde untergehen, wenn trans Menschen sich um sich selbst kümmern und nicht von der vermeintlichen Fürsorge des Staats gegängelt werden.

Es gibt aber Leute, die etwas gegen das Selbstbestimmungsgesetz haben. Sie denken zum Beispiel, trans sei irgendwie ein Trend. Und warnen unter anderem davor, dass man ohne diese strengen Regeln und Vorgaben zu leicht transitionieren kann, zu früh bzw. zu jung auch – und dass man das dann natürlich bereuen könnte. Gibt es da irgendeinen berechtigten Punkt, irgendeine berechtigte Sorge in deinen Augen?

Ein Trend ... Ich finde, Cronuts sind ein Trend. Arschgeweih-Tattoos waren ein Trend. Aber trans als Trend? Inwiefern? Es gibt immer noch so viele Missstände, Benachteiligung und Diskriminierung, wo ist da der Trendsport? Der Gewinn? Aktuell ist es nicht der Regelfall, dass irgendwem eine Party geschmissen wird, wenn er*sie sich anderen Personen anvertraut und sagt, dass er*sie trans ist, ganz egal in welchem Kontext. Sei es in der

Familie, der Schule, unter Freund*innen oder am Arbeitsplatz. Es ist nicht so, dass alle Hurra schreien und High fives verteilen. Aber klar, wenn man Menschen Angst machen will, bringt man Kinder ins Spiel und den Verfall der Sitten. Mit Tatsachen und der Realität hat das wenig zu tun.

Weil alle immer so scharf auf Beweise und Statistiken sind, präsentiere ich dir Folgendes: Auf der Website der Antidiskriminierungsstelle des Bundes sind Auszüge einer europaweiten Umfrage der European Agency For Fundamental Rights zu Diskriminierungserfahrungen von LGBTI*-Personen nachzulesen. Darin steht:

Laut einer Studie der europäischen Grundrechteagentur FRA haben die Hälfte der Befragten (54 Prozent) angegeben, wegen ihres Transseins im Jahr vor der Umfrage diskriminiert worden zu sein. Ebenfalls rund die Hälfte der Befragten gab an, in diesem Zeitraum Gewalt wegen ihres Transseins erfahren zu haben. 44 Prozent erlebten mehr als zweimal Gewalt. Auch beim Zugang zum Arbeitsmarkt und bei Karrierechancen werden trans Personen benachteiligt. Sie sind deutlich häufiger von Arbeitslosigkeit und Armut betroffen und erfahren Benachteiligungen im Beruf – z. B. Gehaltskürzungen nach erfolgter Geschlechtsangleichung oder Hindernisse beim beruflichen Aufstieg.[4]

Ich finde den Fun einfach nicht und glaube mir, ich habe ausgiebig gesucht. Zum anderen werden – ich weiß, ich wiederhole

4   *https://www.antidiskriminierungsstelle.de/SharedDocs/aktuelles/ DE/2020/20200514_FRA_Studie_Diskriminierung_LSBTI.html*

mich – permanent die medizinische und die rechtliche Seite durcheinandergeworfen. Vor dem 18. Lebensjahr kann man sich nicht einfach operieren lassen, weil man bekanntlich nicht volljährig ist und demzufolge das Okay seiner Eltern braucht. Dieses Märchen von wegen: Huch, ich lag auf einmal auf dem OP-Tisch, weil mir die Schlange am Damenklo zu lang war und Transsein so trendy ist, ist schlicht eine Lüge. Kein Arzt, keine Ärztin operiert einfach mal so jemanden, weil er oder sie gerade fünf Minuten Zeit und Bock hat und Transsein irgendwie cool findet.

Man bekommt auch nicht von heute auf morgen Hormone in den Körper gejagt. Als würde man nur stolpern müssen, um in die aufgezogenen Spritzen mit Hormonen zu fallen, die überall herumliegen. Ich musste 1,5 Jahre warten, bis ich meine erste Dosis Testo bekommen habe. Soviel zum Thema Trend und von heute auf morgen. Es wird weiterhin Beratungsgespräche und Aufklärung über die Behandlungen und Operationen geben. Das ist doch bei allen Eingriffen so, wieso sollte das hier anders sein?

Weil es offenkundig nicht oft genug gesagt werden kann, packe ich wieder den Laienprediger aus: Beim geplanten Selbstbestimmungsgesetz geht es darum, den rechtlichen Weg, also die Hürden bei der Namens- und Personenstandsänderung zu minimieren und den entwürdigenden Aspekt zu entfernen. Keine Gutachten mehr, keine Zwangstherapie, keine horrenden Kosten. Ich finde nicht, dass die Welt untergeht, wenn man sie für alle ein bisschen freundlicher macht. Und richtig, es gibt auch Menschen, die sagen, dass die Transition für sie nicht die richtige Entscheidung war. Aber: Die Zahl dieser Menschen ist zum einen verschwindend gering, zum anderen sollte man sich anschauen, warum die Entscheidung für sie nicht richtig war. Unsere Gesellschaft ist durchaus transfeindlich, wie man der aktuellen Kriminalitätsstatistik[5] zu Übergriffen auf queere Menschen unschwer entnehmen kann.

Es kommt vor, dass jemand das nicht erträgt und lieber zurück ins alte und falsche Ich geht, als sich weiter den dauernden Diskriminierungen und Gefahren auszusetzen.

Abgesehen davon, was kümmert es die Welt denn, was eine Person mit ihrem Leben anstellt? Als würde sie irgendwas davon mitbekommen, wenn jemand sich dazu entscheidet zu de-transitionieren. Null. Seien wir ehrlich, hier geht es nicht um Fürsorge oder was auch immer, so philanthropisch sind die ganzen Hetzenden nicht. Es geht darum, dass sie trans Menschen scheiße finden und uns das Recht zu existieren absprechen wollen. Anstatt das zu sagen, schwurbeln sie sich kuriose Theorien zusammen und belasten uns und die Gesellschaft damit.

Ist die Vorstellung von einer mächtigen „Translobby" genauso eine kuriose Theorie? Davon kann man immer wieder lesen und hören: dass bestens vernetzte trans Aktivist*innen krass Einfluss nehmen auf Politik und Gesellschaft. Ist sie dir denn schon mal begegnet, diese mysteriöse „Translobby"?

Natürlich, wir spielen jeden Dienstag zusammen Tischtennis und überlegen, wie wir die Macht an uns reißen können. Es gibt

5   https://www.queer.de/detail.php?article_id=41668

immer Kaffee und Waffeln. Sehr nett und zudem lecker. Aber im Ernst: Was? Wer denkt sich so etwas aus? Und warum? Es ist absurd und grotesk, was für ein Bedrohungsszenario inszeniert wird, um Aufmerksamkeit zu generieren oder uns zu schaden. Es existiert keine „Translobby". Was soll das überhaupt sein? Hängen wir in Fußgängerzonen rum und verteilen Flyer, um Leute anzuwerben? Locken wir irgendwen mit Freibier? Nein. Warum sollte das jemand tun? Was genau hätten wir davon? Inwiefern gibt es den besagten großen Einfluss auf Politik und Gesellschaft? Wie äußert sich dieser? Kann mir irgendwer diese Fragen beantworten? Wahrscheinlich nicht. Ich sehe in den meisten Ländern Gesetze, die trans Menschen diskriminieren und pathologisieren. Ich sehe die Medien, die sich verschwommen divers geben, aber ziemlich viele Falschinformationen und Hetze verbreiten. Ich sehe Politiker*innen einiger Parteien, die begeistert Stimmung gegen trans machen. Ich sehe cis Feministinnen, die Bücher zum Thema veröffentlichen, obwohl sie keine Ahnung, aber schon eine Meinung haben. Insgesamt gibt es sehr viel Meinung und wenig Wissen. Hilft niemandem weiter, außer dem Ego und den Vorurteilen der Hetzenden.

Was meinst du: Wollen wir mal die gängigsten Argumente durchgehen, die immer wieder gegen trans Selbstbestimmung vorgebracht werden?

Das klingt herrlich. Nichts lieber als das.

Gut, los geht's. Ich orientiere mich zunächst am Qualitätsblatt **BILD, das getitelt hat: „Einmal pro Jahr darf jeder sein Geschlecht wechseln".** Heißt: Wenn es trans Personen gesetzlich zu einfach gemacht wird, gibt's ein heilloses Durcheinander. Dann ändern alle ständig ihren Personenstand.

Die Frage ist doch: Warum sollten Menschen das tun? Welchen Vorteil hätte jemand davon, „einmal pro Jahr sein Geschlecht zu wechseln", wie es besagtes Gossenblatt herumposaunt? Ich bin schon ausgiebig darauf herumgeritten, aber die Gesellschaft jauchzt nicht begeistert auf, wenn jemand transitioniert.

Und um ein paar Fakten ins Spiel zu bringen: In Ländern, in denen bereits ein Selbstbestimmungsgesetz eingeführt wurde, haben nicht auf einmal alle ihren Personenstand geändert. Kein Land ist im Chaos versunken. Mag überraschend klingen, ist aber so. Ganz egal, ob Argentinien, Irland, Portugal, Island, Malta, Dänemark, Luxemburg, Belgien, Norwegen, Neuseeland, Uruguay oder die Schweiz, es fand und findet kein olympisches Gender-Hopping statt.

Nächste Behauptung: Menschen ändern ihren Personenstand, um sich Vorteile zu erschleichen. Konkreter: So stehlen sich zum Beispiel „biologische Männer" in der Politik auf Frauenlistenplätze, in dem sie sich als Frauen „ausgeben".

Ich bin zu ermattet, um mir an den Kopf zu fassen. Wie kommt man auf so was? Als Tipp: Ganz oft merkt man, wie beknackt eine Sache ist, wenn man sie laut ausspricht. Diese Behauptung muss ich nicht einmal laut aussprechen, um es zu merken. Soll ich wirklich darauf antworten?

Nein. Ich hab aber noch mehr in petto.

Ich habe es geahnt. Aber okay, wir ziehen es durch.

Dann lass uns über das TERF[6]-Phänomen sprechen. Also Vertreter*innen des radikalen Feminismus, die trans Personen aus ihrem Kampf um Gleichberechtigung ausschließen.

Hurra.

Es hilft nix.

Ich weiß. Ähnlich unangenehm wie Linedance im Dampfbad. Aber wir müssen darüber sprechen. Über TERFs, nicht über Linedance.

Es gibt auf jeden Fall mehr prominente TERFs als Linedancer. Wobei man sagen muss, dass sich die meisten dieser Personen nicht selbst als TERF bezeichnen würden, das sogar als Beleidigung begreifen.
Die berühmteste ist die Harry Potter Erfinderin J.K. Rowling. Dann wären da noch Alice Schwarzer und ihr EMMA Magazin zu nennen. Oder die britische Philosophin Kathleen Stock.

6   *TERF steht für trans exclusionary radical feminism oder feminist*

Support bekommen sie von Comedian Dave Chappelle, der sich immerhin als „Team TERF" bezeichnet. Ich versuche mal, ein paar der gängigen „TERF-Argumente" vorzutragen – und du reagierst, ja?

In Ordnung.

Trans Weiblichkeit bedroht mühsam erkämpfte Schutzräume für weibliche Personen. Heißt im Klartext: Wenn Menschen mit Penis in eine Frauenumkleide oder -toilette dürfen, nur weil sie behaupten, sich als Frau zu identifizieren, dann sind „echte" Frauen und Mädchen nicht mehr sicher.

Warum genau? Trans Frauen sind Frauen. Ich weiß, wie unwohl ich mich immer noch in Umkleidekabinen fühle aus Angst, dass jemand merkt, was Sache ist, und scheiße reagiert. Ich kann nur erahnen, wie sich eine trans Frau fühlen muss, deren Passing vielleicht nicht so eindeutig ist wie meins. Als trans Frau gehörst du in unserer Gesellschaft zu einer der vulnerabelsten Gruppen. Wem schlägt sonst so offen und unverhohlen Hass, Gewalt und Ausgrenzung entgegen? Gewalt gegen Frauen und Mädchen ist real, da stimme ich zu. Allerdings geht diese Gewalt[7] in sehr vielen Fällen von ihren aktuellen oder ehemaligen Partnern aus[8] und nicht von einer trans Frau, die eine Frauenumkleide benutzt.

7   *https://www.bmfsfj.de/bmfsfj/themen/gleichstellung/frauen-vor-gewalt-schuetzen/haeusliche-gewalt/formen-der-gewalt-erken-nen-80642*
8   *https://fra.europa.eu/sites/default/files/fra_uploads/fra-2014- vaw-survey-main-results-apr14_en.pdf*

Und ein cis Typ, der eine Frau belästigen will, wird nicht erst transitionieren, um selbiges zu tun.

Meiner Erfahrung nach nehmen sich das die entsprechenden Typen eh überall raus, im öffentlichen wie im privaten Raum.

Eben. Eigentlich keine große Neuigkeit, dass das eher der Realität entspricht. Dazu müsste die geneigte, hetzende Person nur einen Blick in die Statistiken des Bundeskriminalamts werfen. Natürlich ein kleiner Aufwand.

Nächstes „TERF-Argument": Viele junge Mädchen fühlen sich in ihrem Körper und mit ihrer sozialen Rolle als Frau nicht wohl, weil sie spätestens beim Einsetzen der Pubertät mitkriegen, wie ungerecht unsere Welt ist, welche Nachteile man als weibliche Person hat, welchen Gefahren man ausgesetzt ist etc. Und dann wollen sie eben, du ahnst es, lieber ein Mann sein. Ähnliches Argument: Viele junge Mädchen checken, dass sie wohl lesbisch sind, und wollen dann auch transitionieren, weil: Dann sind sie ja nicht mehr homosexuell, sondern hetero. In beiden Fällen argumentieren die TERFs, dass das eben keine „echte" trans Identität ist – sondern, dass diese verwirrten Mädchen nur vor dem Sexismus und der Homophobie unserer Gesellschaft weglaufen wollen.

Ist das nicht in sich eine ziemlich misogyne und paternalistische Aussage? Dass nur jemand kommen muss, um den armen jungen Dingern die Augen zu öffnen, damit sie erkennen, wo sie eigentlich hingehören? Wie wundervoll es ist, eine lesbische cis Frau zu sein? Ist das nicht eigentlich das, was der Feminismus abschaffen möchte? Die Bevormundung, was jemand sein kann oder darf? Das zum einen. Zum anderen ist es doch gar nicht gegeben, dass man am Ende als gesellschaftlich adäquater heterosexueller Mann dasteht. Man kann trans und schwul, bi, pan oder was auch immer sein. Dass eine lesbische Frau transitioniert, um danach ein easy heterosexuelles Leben zu haben, ist hanebüchen.

Transition ist in unserer Gesellschaft immer noch mit Gewalt und Diskriminierung verbunden und nicht das Heilsversprechen zu einem einfacheren Leben.

Es stellt einem doch niemand einen Porsche vor die Tür und sagt: „Da sind Sie endlich, Herr Müller, hier ist Ihr Porsche und Ihr Posten im Börsenvorstand." Falls jemand denkt, dass das die Realität ist, muss ich die Person enttäuschen.

Und was sagst du dazu: Es wird schon so lange für Frauenrechte gekämpft. Und jetzt kommt ihr mit eurem ganzen Gendergaga und wollt die so mühsam umkämpfte Kategorie „Frau" aufweichen, beliebig machen und am Ende abschaffen.

Der Plan ist mir neu. Verwenden wir mal eine Analogie, die mir besonders gefällt, da sie Backwaren beinhaltet: Gerechtigkeit ist kein Kuchen. Wenn alle fair behandelt werden und die gleichen Rechte haben, bedeutet das nicht, dass einige von ihnen mehr oder weniger bekommen. Es gibt genügend Kuchen für alle. Niemand hat jemals gesagt, dass Geschlecht abgeschafft werden soll. Die Forderung ist vielmehr, dass Transgeschlechtlichkeit anerkannt und geschützt wird. Dass Geschlecht vielfältige Ausprägungen und Ausdrucksweisen haben kann. Dass Menschen aufgrund ihrer Identität nicht benachteiligt oder diskriminiert werden.

Wenn du mopsfidel und glücklich mit deinem dir bei der Geburt zugewiesenen Geschlecht bist, sage ich herzlichen Glückwunsch, du kannst dir den ganzen Scheiß, den der Staat und die Gesellschaft über uns ausschüttet, sparen. Zudem musst du dich nicht mit jahrelangen Selbstzweifeln, Hass und Depressionen rumschlagen. Super. Du kannst FKK ohne Kummer betreiben. Wollüstig und mit dem Arsch wackelnd durch Umkleidekabinen springen und einen Jungs- oder Mädelsabend in der Sauna machen, hurra. Alle können rosa und blau tragen, bis ihnen die Netzhaut flimmert. Ist zwar museal und sinnfrei, aber hey. Niemandem wird etwas weggenommen, wenn alle die gleichen Rechte haben.

Und bevor wieder irgendwer schreit: „Aber dauernd steht was darüber in der Zeitung und ständig sehe ich das alles im Fernsehen. Ich will das nicht!", sage ich: Na und! Ich interessiere mich einen Scheiß für Fußball. Aber alles ist voll damit. Starte ich deswegen eine Petition und bin beleidigt mit der Welt? Nein, denn es gibt einen super Trick. Ich schalte um oder lese etwas anderes. Unseren Wunsch nach Gerechtigkeit und Gleichbehandlung so umzudrehen, zu zerhacken und zu manipulieren, dass daraus eine vermeintliche Forderung der Abschaffung von Geschlecht an sich wird, ist eine beeindruckende Fehlzündung. Diese Behauptung ist schlicht falsch. Nichts als vor Vorurteilen triefende Hetze.

Ich bin sicher, dass das nicht alle „so meinen"– also dass es einige gibt, die eigentlich Gutes wollen wie zum Beispiel Frauen und Mädchen schützen. Und dann aber dieser erzkonservativen Anti-trans-Agenda auf den Leim gehen. Tragisch ist das. Wie lässt sich das lösen? Mir fällt immer nur ein: mehr drüber reden, mehr miteinander reden, aufklären – und Falschinformationen, Vorurteilen und Hetze entgegentreten.

Auf jeden Fall. Das Perfide ist, dass mit dieser Masche und diesen Behauptungen Ängste und Sorgen geschürt werden, die an anderer Stelle total berechtigt sind. Frauen und Mädchen müssen geschützt werden, weil es sehr reale Gefahren gibt – die aber sicherlich nicht von trans Menschen ausgehen, die ein gleichberechtigtes Leben führen wollen. Aufklärung ist da der einzig richtige Weg. Bestimmt wird es Leute geben, die sich nicht erreichen lassen. Die ihre Meinung und ihren Hass betoniert haben. Aber das ist, so hoffe ich, die Minderheit. Vielen fehlt einfach Wissen und Sachlichkeit. An sich nicht schlimm. Ich finde es vollkommen nachvollziehbar und in Ordnung, sich nicht in allem auszukennen und über jedes Thema perfekt Bescheid zu wissen. Wie denn auch? Die Welt ist kompliziert und überwältigend. Geht mir genauso. Man steckt in seiner kleinen Blase und ist ganz überrascht, wenn man auf einmal gegen eine andere Blase mit komplett anderen Themen rumst. Aber deswegen muss ich die andere Blase nicht zum Platzen bringen.

Mir kommen noch ein paar Sachen in den Sinn. Lass mich dir eine Anekdote erzählen, und du sagst mir, was du darüber denkst. Okay? Dieses Mal ganz ohne Backwarenreferenz, versprochen!

KAPITEL 2

DIE TÜCKEN
DES SMALL TALKS

MUSS ICH FÜR "UNS"
ALLE SPRECHEN?

Berlin, 17.10.2019

Es ist Abend und ich bin mit einer Freundin zum Essen verabredet.
Die Freundin hat angekündigt, dass sie wiederum eine Freundin
mitbringen wird, die ich noch nicht kenne. Eine Frau betritt das
Restaurant und geht zaghaft wie auf Scherben, während sie sich
umsieht. Ich vermute aufgrund ihres suchenden Blicks, dass es
sich um die unbekannte Dritte handelt. Sie wird offensichtlich
von einem ähnlichen Gedanken gestupst, denn sie sieht mich an
und kommt in meine Richtung.
„Henri?"
„Das stimmt. Hallo. Freut mich", sage ich.
„Hallo, mich auch. Wir sind ein bisschen früh dran, oder?"
„Ach, nur ein bisschen. Johanna kommt bestimmt gleich. Warten
wir noch mit den Getränken?"
Sie scheint nett, offen und erweckt nicht den Eindruck, als hätte
sie Bösartigkeiten im Sinn.
„Na klar, lass uns noch warten. Was machst du so? Musik, oder?"
„Natürlich. Alle in Berlin machen doch Musik, dachte ich."

Sie lacht.

„Stimmt. Hatte ich vergessen. Momentan auch?"

„Ich versuche, mein Album aufzunehmen. Es ist ein bisschen kompliziert. Es gab einiges an Veränderungen, und ich bin noch dabei, mich ein bisschen zu orientieren und zu ordnen."

„Ah, in Ordnung. Was meinst du mit Veränderungen?"

Das Tänzchen beginnt. Jetzt könnte ich einfach selbstbewusst sagen, was los ist. In den Raum schmeißen: Ich bin trans, mit der Transition hat sich meine Stimme verändert. Ich hatte mal eine Band, die es nicht mehr gibt, was nichts damit zu tun hat, dass ich trans bin. Aber trotzdem. Jetzt suche ich nach meinem Sound, mir und was ich der Welt eigentlich so von mir mitteilen will. Ob ich das überhaupt möchte oder eigentlich lieber als Keyboardtaste bei Daft Punk anfangen würde. Also ... trans. Das ist die große Veränderung, die es gab. Was wollen wir trinken?

Stattdessen drucke ich herum, zerbeiße die Wörter und meine dann: „Hm, na, wegen trans und so."

Souverän.

„Ach, krass, okay. Wow, hätte ich nicht gemerkt. Du siehst wirklich aus wie ein Mann", *stellt sie begeistert fest.*

„Joa, öhm, ich bin ein sehr gelungenes Exemplar."

„Haha." *Die Minderheiten sind witzig. Findet sie.*

Jemand rührt den Raum um und möchte anscheinend Speiseeis aus der anwesenden Luft machen. Mir ist kalt.

„Also, okay. Und wann war die Umwandlung?"

Die Umwandlung ...

„Vor 3,5 Jahren war meine erste Spritze."

Diese Aussage scheint sie derart aus der Fassung zu bringen, dass all ihre gesammelten Fragen, die sie vielleicht an sich, das Leben und die Welt generell hat, auf mich herabhageln.

„Bekommt man diese Spritze nur einmal?"

„Super, jetzt kann mir endlich mal jemand den Unterschied zwischen Männern und Frauen erklären!"

„Und ... also ... hast du dich dann auch operieren lassen? So ... na, komplett? Ganz ehrlich? Ich würde mir ein riesiges Teil machen lassen. Ist doch voll praktisch." Sie blickt auf meinen Schritt. „Verrätst du mir deinen alten Namen?"

Ich bin überfordert und murmle irgendwas von Krankenhausangst. Unnötig zu erwähnen, dass Grenzen setzen generell nicht die Disziplin ist, in der ich zehn Punkte für meine Haltung einheimse.

„Ich bin so neugierig, musst du wissen."

Die Tür des Lokals geht auf und unsere gemeinsame Freundin kommt herein, was einen Punkt hinter die Fragestunde setzt.

Ich bin froh und ärgere mich zugleich über mein nicht vorhandenes Aufmucken gegen deplatzierte Fragen. Das schäbige Gefühl, mir keine Erste Hilfe geleistet zu haben, bleibt. Ich habe ein schlechtes Gewissen mir selbst gegenüber.

Christina: Oh weh. Du bist heimgegangen mit diesem schäbigen Gefühl. Aber irgendetwas sagt mir, dass es der Bekannten deiner Freundin ganz anders ging nach eurem Treffen. Die fand euer Gespräch wahrscheinlich total interessant!

Henri: Wahrscheinlich. In ihren Augen hatten wir sicherlich einen angeregten Austausch, immerhin hat sie beständig und ohne Unterlass Dinge gefragt. Dass ich in ihrem Fragenstrom beinahe ersoffen wäre, hat sie gar nicht gemerkt.

Ich behaupte jetzt einfach mal, dass es diese Bekannte weit von sich weisen würde, in irgendeiner Form etwas gegen trans Personen zu haben. Warum war ihr Verhalten trotzdem nicht okay für dich?

Kann gut sein. Ich fasse zusammen: Wir hatten uns vor fünf Minuten begrüßt, uns zuvor noch nie gesehen. Auch nicht aus der Ferne. Es war ein erstes Kennenlernen. Habe ich beim Small-Talk-Unterricht etwas verpasst? Redet man da nicht verkrampft übers Wetter und dass man in Berlin keine Wohnungen mehr findet? Ist der Deal nicht der, dass man sich wie durch eine zähe Masse auf die andere Person zubewegt, um vorsichtig Schicht um Schicht freizulegen? Soweit meine Notizen. Dieser Teil wurde stattdessen komplett geskippt, und ich wurde gefragt, ob ich ein prächtiges Glied habe, und bekam attestiert, überzeugend vorzugeben, ein Mann zu sein.

Hat die Person deswegen etwas gegen trans Menschen? Ich vermute nicht. Macht es nur leider nicht besser.

Was hättest du denn davon gehalten, wenn sie dich all das gefragt hätte?

Du meinst, wie nach der Beschaffenheit meiner Genitalien zu fragen?

Ja. Zum Beispiel. Kommt es dir nicht auch etwas stumpf vor?

Ich würde denken, sie spricht im Fieber oder hat ein starkes Halluzinogen intus.

Richtig, mit der Begründung könnte ich zumindest leben. Aber wie du sagst: Du wärst entsetzt. Und das zu Recht. Weil es vollkommen fehl am Platz und scheiße ist, so etwas zu fragen.

Woher, meinst du, kommt das?

Na, sag du's mir – du gehörst ja zum Cistem[9]!

Ich würde tippen, dass da Verschiedenes zusammenkommt. Zum Beispiel die Grundannahme vieler, dass wir in einem streng binären Geschlechtersystem leben: Männer und Frauen und nix dazwischen oder darüber hinaus. Eine trans Person muss also „komplett" an das „Wunschgeschlecht" angeglichen sein, körperlich – sonst sprengt das das strenge Schubladensystem. Daher will das Gehirn deines Gegenübers unbedingt wissen, wo es dich jetzt einsortieren soll.

9   *Cistem = eine Wortschöpfung aus cis und System*

Aber deswegen werfe ich doch nicht meine gute Kinderstube über Bord. Man weiß längst, dass es nicht nur zwei Geschlechter gibt[10,11], auch wenn das immer wieder gerne behauptet wird. Mehr als 1000 Gene sind bei der Entwicklung der Genitalien beteiligt. Die Deutsche Gesellschaft für Psychologie beschreibt Geschlecht in einer Stellungnahme als ein „mehrdimensionales Konstrukt, dessen Entwicklung durch das komplexe Zusammenspiel verschiedener körperlicher, psychosozialer und psychosexueller Einflussfaktoren bedingt" ist.[12]

Biologie existiert, immerhin werden wir irgendwie auf diesen verrohten Planeten geworfen. Aber dieses rigide Chromosomenbingo xx und xy, Frau und Mann, piff paff, erzählt erwiesenermaßen nicht die ganze Geschichte. Andere Behauptungen sind Biologieunterricht der vierten Klasse.

Ich tippe mal weiter, okay? Also, wir sind ja beide keine Psychoanalytiker*innen – aber mir scheint, als gäbe es schon eine gewisse Fixierung mancher Personen auf alles, was mit Geschlechtsteilen zu tun hat.

Da gebe ich dir recht. Das ist ziemlich verbreitet. Ich würde beinahe so weit gehen, zu sagen, dass es eine allgemeine Besessenheit ist.

10   https://www.fluter.de/die-sache-mit-dem-geschlecht
11   https://www.berliner-zeitung.de/politik-gesellschaft/zum-abgesagten-hu-vortrag-biologie-ist-keine-schwaebische-ingenieurskunst-li.245757
12   Bundesverfassungsgericht, Beschluss des Ersten Senats vom 10. Oktober 2017 - 1 BvR 2019/16 -, Rn. 26.

Ja. Aber klar: Im Umgang mit cis Leuten halten die meisten diese Fixierung ganz gut in Schach, die fragt man nicht sofort beim ersten Kennenlernen nach Größe und Form der Vulvalippen. Das nimmt man sich nur bei trans Personen raus.

Ich hab noch eine ganz simple Erklärung, warum diese Fragen immer kommen: Die Leute sind schlicht und ergreifend neugierig. Und finden einfach irre spannend, was medizinisch möglich ist.

Die vermeintliche Neugier immer, genau ... Es stimmt, oftmals werden diese Fragen mit einer großen Neugier erklärt. Oder dem Interesse an der anderen Person. Aber ist das wirklich Neugier? Ich für meinen Teil finde, man kann neugierig sein, welche Zutaten für Spaghettieis verwendet werden, und dazu ausgiebig nachfragen. Wird das Eis deshalb peinlich berührt sein? Unwahrscheinlich.

Aber das Rumgeiern um Geschlechtsteile? Diese „Neugier" ist in meinen Augen eher Sensationsgier, um den inneren Zirkus zu befriedigen. Ich für meinen Teil käme im Leben nicht darauf, eine mir fremde Person nach der Situation in ihrer Unterwäsche zu fragen und beleidigt zu sein, wenn sie daraufhin das Weite sucht.

Ich bin mir beinahe zu 100 Prozent sicher, dass es für eine oberflächliche Interaktion vollkommen irrelevant ist, wie es um das Geschlechtsteil meines Gegenübers bestellt ist. Wie gesagt, dafür gibt es das Wetter und andere Hot Topics.

Was denkt man sich denn, wenn man so ohne Hemmungen Fragen stellt?

Transsein heißt doch nicht, auf einmal jegliches Schamgefühl oder den Wunsch nach Grenzen verloren zu haben.

Sich für die Gemeinschaft quasi aufzulösen und nichts anderes als Sensation zu sein. Wir sind mehr als die aberwitzigen Fantasien, die andere Menschen von uns haben. All diese Fragen reduzieren den Menschen letztlich auf eine einzige Sache, nämlich trans zu sein. Nicht mehr und nicht weniger. Ein spektakuläres Feature. Ich für meinen Teil bin nicht nur trans, sondern zudem ein extrem schlechter Tänzer, warum fragt mich darüber niemand aus?

Da kokettierst du jetzt natürlich – ich weiß, dass du zum Beispiel mal in einer flotten Hip-Hop-Tanzgruppe warst. Aber zurück zu den nassforschen Fragen rund um dein Transsein. Wie oft kommt es vor, dass du auf eine so neugierige Person triffst?

Neugierig ist ein sehr freundliches Wort für dieses schrille soziale Desaster. Ich muss sagen, dass diese Person damals wirklich alle schlimmen Fragen auf einmal gestellt hat, was man schon als maximal uneinfühlsam werten kann. Dass ich mich mit unpassenden oder unsäglichen Fragen rumschlagen muss, ist nicht allzu ungewöhnlich, meistens ist die Dosierung nur etwas milder. Letztendlich summiert es sich aber. Als Anschauungshilfe: Wenn ich für jede übergriffige Frage einen Kiesel bekommen würde, könnte ich mir einen Palast bauen. Für den Fall, dass die Kiesel wenigstens schön sind.

Ein paar Beispiele: Ich erinnere mich an eine ehemalige Vorgesetzte, die mich, nachdem ich sie in Sachen Henri unterrichtet hatte, fragte, ob ich mir einen Pimmel machen lassen würde. Das war die erste und dringendste Frage, die sie quälte. Ich erinnere mich an einen Physio, der mich quasi nach dem Hallo fragte, wie ich früher denn eigentlich hieß. Ich erinnere mich an die Frage, ob ich jetzt schwul sei. Dass es mit der Liebe jetzt wohl vorbei wäre. Ob nicht sehr viele Menschen damit (mit mir) ein Problem hätten? Was ich jetzt dann eigentlich wäre? Was für Menschen auf mich stehen würden? Wie das mit den Hormonen abliefe. Ob ich jetzt den großen Unterschied zwischen Männern und Frauen erklären könne.

Okay, okay, das klingt anstrengend. Gleichzeitig haben wir doch schon in der Schule gelernt: Wer nicht fragt, bleibt dumm. Ein Dilemma! Vielleicht hilft es, wenn du noch mal erklärst, warum diese Fragen so problematisch für dich sind.

Über all diesen „Fragen" prangt in großen Lettern „Freak". Sie repräsentieren das Vorurteil, dass wir extrem anders sind. Komisch. Nicht sonderlich liebenswert. Die Leute schütten ungefragt ihre Gedanken und Gefühle über uns aus. Und ich komme mir vor wie ein Fabelwesen. So fremdartig und weit weg von den anderen Menschen, dass alle Gesetze eines sozialen Miteinanders ausgehebelt sind. Hurra, der Zirkus ist wieder in der

Stadt. Will man, dass sich das Gegenüber so fühlt? Ich wünsche es niemandem. Und bevor wieder irgendwer schreit: Es geht nicht darum, dass man nichts mehr fragen darf. Beinahe jede Frage hat ihre Zeit. Aber ist diese Zeit fünf Minuten nach dem Kennenlernen gekommen? Wahrscheinlich eher nicht. Ist man wirklich an einem Menschen interessiert, vertieft man sich in ihn, setzt sich mit ihm auseinander. In seiner Gesamtheit. Nicht nur anhand einiger vermeintlich sensationeller Features, die man lechzend abfragt, um sich zu vergewissern, dass bei einem selbst alles herrlich normal ist. Und, um das auch einmal gesagt zu haben: Die richtige Zeit für die Frage einer vorgesetzten Person, ob man sich einen schönen Pimmel machen lässt, kommt tatsächlich nie.

In all diesen Situationen – wie reagierst du da? Ich kenne das von mir, dass ich manchmal nichts sage, obwohl mich Aussagen und Verhaltensweisen anderer stören oder verletzen. Weil ich nicht kompliziert und anstrengend wirken will zum Beispiel. Und ich glaube, dass ich vielleicht mehr erreiche, wenn ich total entspannt rüberkomme, souveräner. Obwohl ich eigentlich Bock hätte, laut und ausfallend zu werden.

Man will sich nicht die Blöße geben, zu zeigen, dass einen die Fragen treffen, weil man doch cool ist und über den Dingen steht. Oder man traut sich nicht, die Fragenden zu kritisieren, zu sich selbst zu stehen, weil es unangenehm ist und die Stimmung verhageln könnte.

Natürlich überlege ich, wie ich mit solchen Situationen am besten umgehen sollte. Lässig, souverän und cool, um meinem Gegenüber kein ungutes Gefühl zu geben? Einen Scherz machen, um zu zeigen, dass „wir" ganz normal sind, nicht so komisch und anstrengend, wie manche sich das vielleicht vorstellen?
Die wandelnde Liebenswürdigkeit in Person?
Alles schön wohlig und angenehm, auch wenn ich mich eigentlich mies dabei fühle?
Oder soll ich mich aufregen? Verletzung und Schwäche zeigen?
Darauf pochen, dass derlei Fragen kacke sind?

Was denkt man dann über mich? Über „uns"? Muss ich überhaupt für „uns" alle sprechen?

Warum habe ich das Gefühl, ein Stellvertreter aller trans Personen sein zu müssen? Bin ich der allgemeine trans Beauftragte, nur weil ich trans bin und beschissene Fragen gestellt bekomme? Bin ich in der Pflicht, alle Menschen aufzuklären? Permanent? Ohne dafür je bezahlt zu werden? Bin ich nicht! Niemand ist das, nur weil er*sie Teil einer marginalisierten Gruppe ist. Aus diesem Grund die Definitionshoheit über x andere Menschen für sich zu beanspruchen, wäre schlicht vermessen.
Es gibt wirklich spaßigere Aufgaben.

Und wie reagierst du dann also?

Ich bin oft zu harmonisch, was mich im Nachhinein jedes Mal nervt. Eigentlich fände ich es besser, dem Gegenüber zu spiegeln, was diese Fragerei mit mir macht. Dass ich zerkratzt aus solchen Begegnungen herausgehe, noch ewig darüber grüble, während die andere Person schon längst wieder an Sonne oder Eiscreme denkt. Ich will auch an Sonne und Eiscreme denken.

Jetzt könntest du dieses Buch im Nachhinein Leuten schicken, mit diesen Sätzen markiert! Vielleicht fällt dann der Groschen. Vielleicht wär es aber auch mal gut, jemandem sehr deutlich ins Gesicht zu sagen, dass solche Fragen übergriffig sind?

Die Möglichkeit gibt es. Ändert aber nichts daran, dass es anstrengend ist und mir sehr oft der Elan für derlei Sperenzchen fehlt. Aber ich werde besser darin. Steter Tropfen höhlt den Henri. Zu Beginn meiner Transition habe ich nie etwas gesagt. Weil ich zu sehr damit beschäftigt war, alles für mich neu zu sortieren, klarzukommen, zu verstehen. Jetzt, Jahre später, denke ich bisweilen über all das nach, was gesagt und gefragt wurde, und werde sauer, weil ich mich nicht gewehrt habe. Nicht für mich laut geworden bin. Mittlerweile bin ich nicht mehr so abgelenkt vom Leben und seinen Auswüchsen, dass ich mehr checke und mitbekomme. Außerdem habe ich mehr Frust angehäuft, die Wahrscheinlichkeit, dass mir der Kragen platzt, ist also gegeben.

Ich weiß, Stellvertreter zu sein, nervt. Aber: Ist es nicht etwas sehr optimistisch, anzunehmen, dass sich Menschen vorab über alles informieren, um ja niemandem auf den Schlips zu treten?

Ich finde, darum geht es gar nicht. Man muss nicht alles wissen und in allen Belangen top informiert sein, das bin ich auch nicht. Es geht eher darum, wie respektvoll man einer anderen Person begegnet. Wie sehr man sie auf eine Sache reduziert und sie dadurch zum Außenseiter macht. Ich finde es relativ naheliegend, eine wildfremde Person nicht nach ihren Genitalien zu befragen und das später mit meiner immensen Neugier zu begründen. Andere offenkundig nicht. Aber man hat nicht das Recht auf Antworten und Erklärungen, nur weil man sensationsgeil ist. Ich bin nicht der trans Beauftragte, der Gender-Erklärbär, nur weil ich gerade zufällig anwesend bin und auf das sprühende Verlangen eines anderen Menschen treffe. Wie hätte es die Frau aus meiner Anekdote gefunden, wenn ich sie all diese Dinge gefragt hätte? Wo die Menschen sonst so überzeugt ihre Grenzen setzen, scheinen im Umgang mit trans Menschen andere Regelungen zu gelten. Hätte ich sie fragen sollen, wie sie es mit dem Beischlaf hält? Wie ihre Regelblutung verläuft? Ob ihre Brüste symmetrisch oder unterschiedlich groß sind? Soll ein erstes Aufeinandertreffen so ablaufen? Nicht in meinen Augen. Aber aller Anstand ersäuft, wenn die Leute jemandem gegenüberstehen, den sie nicht als Menschen, sondern als ein absurdes Spektakel wahrnehmen.

Dafür gibt es einen Fachbegriff: Wenn dich jemand anders behandelt, weil du trans bist, betreibt diese Person Othering[13] **mit dir. Weil du vermeintlich anders bist, gehörst du nicht zu „uns Normalen" dazu. Das ist diskriminierend und verletzend. Ab wann beginnt das für dich?**

Das kommt drauf an. Auf den Kontext. Auf das Wort. Auf die Intention. Niemand findet es gut, sich permanent wie ein Special Effect zu fühlen, der alle Aufmerksamkeit eines Raumes absorbiert. Die Person zu sein, über die getuschelt wird, die außen vorbleibt. Oft ist dieses Othering eher ein unterschwelliges Wabern und nicht immer negativ gemeint. Wenn ich irgendwo bin, ist die Wahrscheinlichkeit, dass ich der einzige trans Typ bin, ziemlich groß. Fühle ich mich deswegen ausgeschlossen? Manchmal. Zu einigen Synchroncastings werde ich als Sprecher nur eingeladen, weil ich trans bin. Das wird dann jedes Mal laut verkündet. Keine Ahnung, wie ich das finden soll.

Wenn ich Musik veröffentliche, werde ich in erster Linie zum Thema Transsein befragt. Warum auch zu den Songs, das wäre doch total kurios! Manche Menschen wollen mich daten, weil ich trans bin, andere gerade deswegen nicht. Ich bekomme ungefragt Vorurteile vor mir ausgebreitet, um die ich gar nicht gebeten habe, und soll mich dann irgendwie dazu verhalten. Es sind viele Kanten, die mir zum Stoßen vor die Nase gehalten werden. Ich bräuchte einen schönen Luftpolsteranzug, um all

---

13   *Othering (engl. other: „andersartig") bezeichnet die Distanzierung der Gruppe, der man sich zugehörig fühlt, von anderen Gruppen.*

die blauen Flecken zu vermeiden, die ich mir über die Zeit so zugezogen habe.

Brauchst du diesen Anzug auch, wenn du mit uns, deinen Freund*innen, zusammen bist?

Ich erinnere mich, dass meinen Freund*innen am Anfang meiner Transition öfters noch der alte Name, falsche Pronomen oder komische Bezeichnungen rausgerutscht sind. Haben sie das böse gemeint? Nein. War es ihnen danach unangenehm? Absolut. Hat es mich gezwickt? Auf jeden Fall. Aber Veränderungen brauchen Gewöhnung und Zeit, in meinen Augen muss man den Menschen das auch zugestehen. Hätte ich alle, die mir nahestehen, sofort canceln sollen, weil sie nicht gleich alles richtig gemacht haben? Macht man das so? Wir sind alle fehlerhaft, wandelnde Mängelexemplare. Ich wäre ziemlich allein, wenn das mein Standardmove wäre. Mache ich permanent alles richtig? Nein. Versuche ich mein Bestes? Tue ich. War ich am Anfang auch relativ ahnungslos, was die Begriffe und Ausdrücke angeht? Voll. Wem ist geholfen, wenn alle selbstgerecht abgestraft werden, die ein falsches Wort verwenden? Man muss ein bisschen unterscheiden. Daher kann ich nicht pauschal sagen, wie streng ich bin. Aber wenn nach einem halben Jahr zum Beispiel immer noch dauernd der alte Name fällt oder die falschen Pronomen verwendet werden, sollte man sich mal mit seinen friends unterhalten, warum dem so ist und was das mit einem macht. Ich denke, viele wissen einfach nicht, welche Wörter man verwenden darf und welche eben nicht. Schlicht, weil sie keine Ahnung haben. Nicht alle stecken so tief in der Materie wie wir. Entschuldigt natürlich nicht alles. Ich will damit nur sagen, dass nicht hinter jedem falschen Wort ein transfeindlicher Angriff oder eine Agenda stecken.

Merke ich, dass jemand nur hetzen und beleidigen will, um sein eigenes Unglück auf die Welt zu projizieren, ziehe ich weiter und trinke einen Saft. CHEERS!

Das ist sehr viel sinnvoller, als mich an die Borniertheit und den Frust irgendeines Dödels zu verschwenden. Trotz meines engelsgleichen Wesens gibt es Aussagen, bei denen ich mir meinen Sanftmut und meinen Erklärungswillen spare. Es gibt Worte, die nicht verhandelbar sind. Egal, aus welchem vermeintlichen Grund sie gesagt werden. Wobei das dann nicht viel mit Othering zu tun hat, sondern schlicht eine Beschimpfung ist. Ein ehemaliger Vorgesetzter hat mich im Büro einmal als „hormongesteuerte Transe" bezeichnet, weil er witzig sein wollte. War nicht witzig. Wird es auch nie sein.

Ja, das ist natürlich inakzeptabel. Und lässt man sich das nicht gefallen, kommt hundertpro: „Sei doch nicht so empfindlich, war doch nur ein Witz."

In der Tat. Nur, für wen? Beleidigungen sind kein Spaß, da gibt es nichts zu diskutieren. Und ich brauche im Nachhinein auch keine Erklärungen und indirekten Schuldzuweisungen, dass ich keinen Spaß verstehe oder alles ganz anders gemeint war. Bin ich, dieser Marginalisierte, deswegen zu empfindlich und kann einfach bloß nichts ab? Die Frage ist doch: Muss ich das überhaupt? Alles aushalten? Punching bag für alle freilaufenden, miesen Scherze sein? Nö. Ich bin nicht da, um den Frust und die Beschissenheit der anderen zu besänftigen und glattzubügeln. Bin ich deswegen eine leicht schmelzende Snowflake, der jegliche Auseinandersetzung zu viel ist? Für manche sicherlich. Das ist das eine, die vermeintlichen Gags oder vielmehr schlecht getarnten Beleidigungen. Das andere sind falsch verwendete Wörter oder Ausdrücke. Aufgrund einer gewissen Ahnungslosigkeit. Ist es nötig, aus jedem Versprecher einen Shitstorm zu kochen? Nein, denke ich ebenfalls nicht. In meinen Augen ist die Überlegung eher, wie wir es als Gesellschaft hinbekommen, voneinander zu lernen und gut miteinander zu leben. Auch wenn das vielleicht utopisch und nach Bullerbü klingt. Aber wenn alle Fronten verhärtet sind und sich nichts mehr bewegt, außer die Vorwürfe, gewinnt niemand. Sicher gibt es die, bei denen Hopfen und Malz verloren ist, an die sollte niemand seine Energie verschwenden. Ich glaube aber, dass es viele gibt, die offen und willens sind, sich auszutauschen und zu lernen. Hoffe ich zumindest. Falls nicht, muss ich mit einem freundlichen Schaf in eine Höhle ziehen und Vögel beobachten.

Doch, das glaube ich auch. Unter anderem schreiben wir ja deshalb dieses Buch, oder? Weil wir an die Menschen glauben. Und Schafe halt noch nicht so gut lesen können.

Ich möchte erwähnt wissen, dass niemand genau weiß, ob Schafe nicht doch ganz hervorragend lesen können. Aber es stimmt, dieses Buch soll eine Hilfestellung sein. Für Menschen und, wenn sie es denn wollen, lesebegabte Schafe.

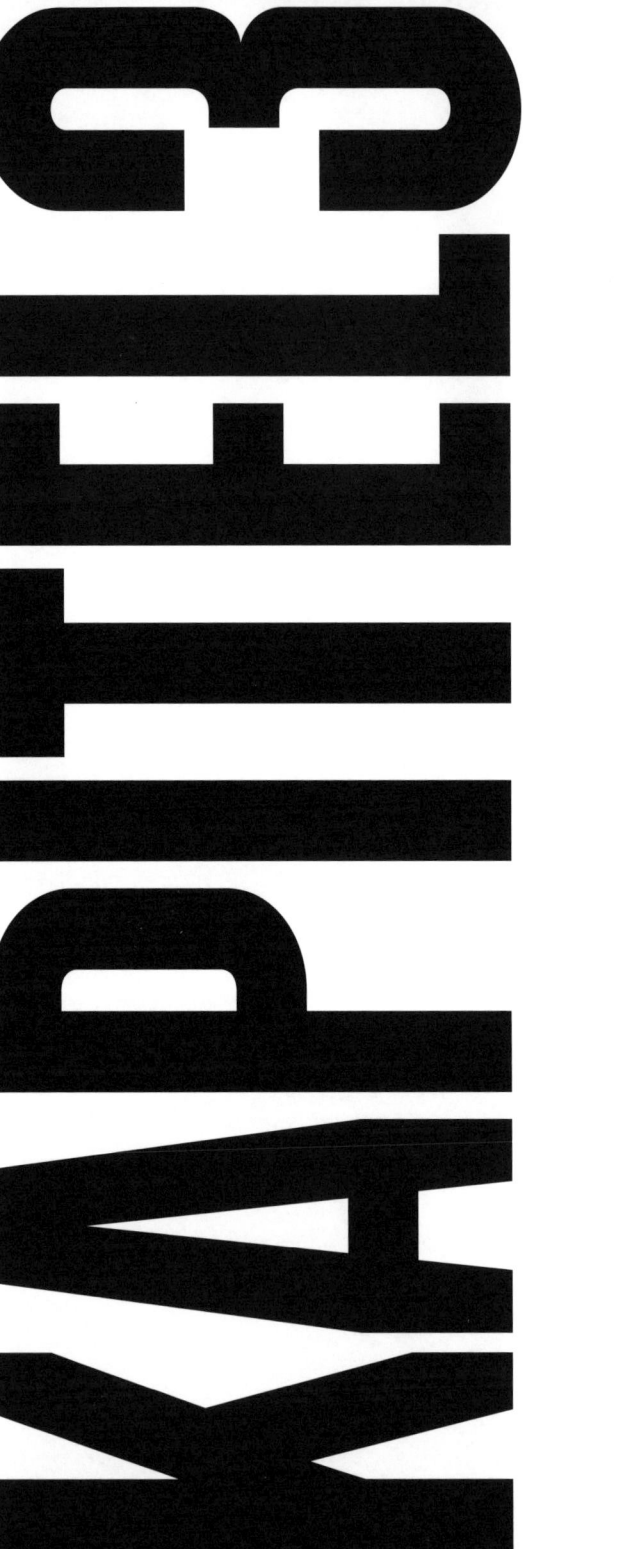

KAPITEL 3

ALLY, WER?
ALLY, WIE?

DIE SACHE MIT DEM DATING

Berlin, 12.4.2022

Um mir den Alltag kurzweilig zu gestalten oder die große Liebe zu finden, habe ich mich bei einer Dating-App angemeldet. Immerhin verspricht sie mir nicht, mich innerhalb von elf Sekunden zu verlieben, das würde mir etwas zu schnell gehen.

Die App und ich lassen uns etwas mehr Zeit.

Zuerst gibt es eine Reihe von Fragen, die ich beantworten muss. Mein Algorithmus schaut mich verwirrt an. Er wusste bisher nicht, dass ich Kuchen als Grundlage einer Beziehung sehr wichtig finde. Wieder was gelernt. Sowohl er als auch ich.

Da ich von Ehrlichkeit im Internet nicht sonderlich überzeugt bin, gebe ich ein falsches Alter an. 104. Die App ist pfiffig und schlägt mir ausgiebig Frauen um die 65 vor. Die Silver Surfer tindern, was das Zeug hält.

Nach einer kleinen Feinjustierung in Sachen Zielgruppe verschwinden die rüstigen Seniorinnen und ich werde von Berliner Hipstern, die sich sehr gut verkaufen können, überschwemmt. Man schaukelt hin und her zwischen großer Romantik und Ironie.

Es ist mir einigermaßen zuwider, Menschen hin und her zu wischen. Ich entschuldige mich murmelnd bei denen, die ich wegwische, und habe ein schlechtes Gewissen.

Dann klicke ich auf mein eigenes Profil und grüble. Die Sache mit der Ehrlichkeit ...

Wo gebe ich an, dass ich trans bin? Muss ich das überhaupt?

Mir schwirrt der Satz eines Freundes durch den Kopf, der sich an der Schädeldecke die Nase blutig stößt: „Wenn die Frau nicht Bescheid weiß, und du sagst es erst beim Treffen, ist das schon ein Dealbreaker."

Dealbreaker.

Silvesterkracher essen ist ein Dealbreaker.

AfD wählen ist ein Dealbreaker.

Aber trans sein? Nein, kein Dealbreaker, finde ich. Oder bin ich ein grundsätzlicher Dealbreaker?

Lieben Menschen es nur eindeutig? Finden sie „passende" Geschlechtsteile überzeugender und wichtiger als einen wirklich freundlichen Typen, der in seiner Freizeit keine Bilder seines vollendeten Penis verschickt?

Wen will ich denn überhaupt daten? Heterosexuelle Frauen? Bisexuelle Frauen? Pansexuelle Frauen? Die freundliche Tanne, an der ich oft mit dem Fahrrad vorbeifahre? Ich freunde mich mit der Vorstellung an, jeden Morgen neben einer Tanne aufzuwachen. Ganz ohne zu wissen, wie die Tanne eigentlich darüber denkt.

Ich nage etwas an der Verzweiflung, die vorbeischleicht, ohne mich satt zu essen. Vielleicht ist die Chance auf eine Beziehung das Pfand, das ich für mein kleines Glück eingetauscht habe. Wie wirklich sehr viele andere Menschen auch sehne ich mich danach, einer Person zu begegnen, der ich all meine Fehler in die Schuhe schieben kann. Ich sehe es gar nicht ein, alleine für jegliches Versagen verantwortlich zu sein.

Aber wer versehrt ist, aus welchen Gründen auch immer, versteht, wie verzwickt es sein kann, sich einzugestehen, dass man es immerzu und überall verdient, gemocht und geliebt zu werden.

Doch man darf seine Kraft nicht darauf verschwenden, eine andere Person davon zu überzeugen, dass es sich lohnt, einen zu mögen. Andauernd zeigen zu wollen, dass man eine gute Investition ist. Eine Spitzenpartie und nicht die Pfütze, in die man mit den neuen Schuhen steigt, um danach die Pfütze für ihre Existenz zu beschimpfen.

Man ist okay. So einfach ist es. So schwierig ist es.

Ich sage es leise vor mich hin oder denke es, so eindeutig sind die Grenzen nicht, wenn man den ganzen Tag allein mit einer schlecht gelaunten Katze und einer Dating-App verbracht hat. Es wäre einfach schön zu wissen, dass es auf dieser sehr großen Welt Verbündete gibt. Dass man kein Dealbreaker ist. Und dass man sich davon nicht nur selbst überzeugen muss.

Christina: Endlich mein Fachgebiet. Dating!

Henri: Wie auch meins ... Neulich war ich in Zagreb und habe das „Museum der gescheiterten Beziehungen" besucht. Nie hat Kultur für mich mehr Sinn ergeben.

Was wurde da so ausgestellt?

Objekte der vergangenen Begierde. Eine Person hatte sich einen Dildo nach dem Vorbild des Pimmels ihres damaligen Freundes anfertigen lassen. Den hat sie nach Beziehungsende dem Museum gespendet.

Dabei wäre der doch gerade nach dem Beziehungsende praktisch gewesen.

Ich verkneife mir jetzt jegliche Gags.

Jetzt mal ernsthafter über die Liebe gesprochen: Ich erinnere mich, dass du mich mal ganz zu Anfang der Transition gefragt hast, ob ich glaube, dass es schwieriger wird mit dem Daten. Was würdest du dir selbst antworten, mit dem Wissen von heute?

Ich würde mir raten, nicht alles mitzumachen, nur weil ich denke, dankbar sein zu müssen, dass sich überhaupt jemand mit mir abgibt. Und noch dazu: Sagen, was ist. Ich weiß, der Satz ist Leitspruch eines großen deutschen Magazins, aber ich leihe ihn mir kurz. Was meine ich damit? Sagen, was man fühlt, was man sich vorstellt, was man will, was man nicht will, wer man ist. Klingt so einfach, scheint mir aber in meiner Position noch einen Tick wichtiger, als es vielleicht sowieso ist.

Und zu deiner Frage, ob alles schwieriger geworden ist ... für mich persönlich schon. Vielleicht, weil ich das Konzept Dating an sich merkwürdig finde. Oder, weil mir häufig gesagt wurde, Transsein sei ein Dealbreaker. Eventuell habe ich auch zu ausgiebig bei OkCupid geschaut, wer die Frage: „Würdest du eine transgender Person daten?" mit Nein markiert hat. Mache ich mir zu viele Gedanken? Möglich, aber ich finde es einfach verzwickt. Wo lernt man jemanden kennen? Dating-Apps und Partys denken trans Menschen in meinen Augen nicht mit, das merke ich immer wieder. Und wer ist überhaupt meine Zielgruppe? Hetero-Frauen? Pansexuelle Frauen? Bisexuelle Frauen? Sapiosexuelle Frauen? Aufgeschlossene Birken? Lauter brennende Fragen. Ausnahmsweise von meiner Seite.

Ist natürlich nicht bei allen so verkopft. Bekannte und Freund*innen von mir sind in erbaulichen Beziehungen, gründen Familien, nerven mit Babyfotos ... das ganze normative Programm. Liebe scheint also durchaus möglich. Sagt zumindest mein Therapeut, und der hat eigentlich immer recht. Ich bin vorsichtig optimistisch.

Ha, weißt du, woran ich gerade denken muss? Richtig viele Menschen haben damals, als ich ihnen von deiner Transition erzählt habe, gesagt: „Hurra, dann könnt ihr jetzt endlich ein Paar werden!" Erinnerst du dich?

Stimmt, ich entsinne mich. Natürlich, die naheliegendste Idee. Menschen sind mir ein Kuriosum. Ich verstehe die Transferleistung überhaupt nicht. Warum sollten wir denn auf einmal ein Paar werden? Ist das das ultimative Happy End in den Köpfen der Leute?

Ich finde es ja vor allen anderen Dingen eine Unverschämtheit gegenüber dem Konzept Freundschaft. Als sei diese nur so eine kümmerliche Vorstufe einer romantischen Beziehung.

Vielleicht ist das bei einigen so. Sie lauern und lauern, ob nicht vielleicht irgendwann doch mal was geht. Nun, ich lauere nicht, sondern finde es einfach erbaulich, zu wissen, dass es Freund*innen gibt, auf die man sich verlassen kann und die nicht die Flucht ergreifen, weil man sich immer zu viel Decke nimmt oder schnarcht. Ich habe eine interessante Vorstellung von romantischen Beziehungen, merke ich. Wie auch immer. Ich bin ein großer Fan von Freundschaften und gegenseitigem Support.

Apropos Support! Die Szene im Büro mit „hormongesteuerter Transe", die du im vorigen Kapitel beschreibst, scheint eine Situation gewesen zu sein, die dir auch Jahre später noch im Kopf ist. Hättest du dir da Support von den Umstehenden gewünscht?

Klar hätte ich mir den gewünscht. Ist doch verständlich, oder nicht? Es blieb damals komplett still. In einem Großraumbüro.

Wann bitte ist es in einem Großraumbüro je still? Sicher, die Kolleg*innen hatten Angst, dass sie eins draufbekommen, wenn sie den Chef kritisieren. Dennoch wäre es wichtig und richtig von ihnen gewesen, sich zu verhalten. Indem sie sich entweder später anonym beschwert oder direkt in der Situation gesagt hätten, dass das kein angemessenes Verhalten war. Indem sie mit anderen gesprochen oder mir ein Gespräch und Unterstützung angeboten hätten. Einfach so zu tun, als wäre alles an ihnen vorbeigegangen, war das denkbar Schlechteste.

Ein wichtiger Begriff in dem Zusammenhang ist „Ally". Was ist denn für dich ein*e Ally für trans Personen? Was zeichnet eine*n Ally aus?

Für mich ist ein*e Ally, also eine verbündete Person, nicht nur dann am Start, wenn der Wind ihr die Haare schön föhnt, sondern auch, wenn es stürmt, regnet und scheppert. Siehe Großraumbüro. Es passiert dauernd irgendwo irgendein Scheiß. Ich finde viel zu oft hetzerische oder zumindest sehr tendenziöse Artikel und Berichte, die ein falsches Bild in Sachen Transsein zeichnen. Jemand macht ätzende Kommentare. Irgendwer reißt Witze. Was kann man als Ally tun? Nehmen wir die Medien. Ich würde mir wünschen, dass die Leute den Redaktionen schreiben und sich positionieren. Öffentlichkeit herstellen. Den Mund aufmachen, wenn sie Diskriminierung oder miese Stimmungsmache mitbekommen. Die Augen öffnen für Kummerpotenziale. Sich informieren, empathisch sind. Klingt nach Hausaufgaben, aber das käme mir in den Sinn.

Ich habe mich zum Beispiel noch nie im Leben Ally für irgendwen genannt. Ich versuche halt, so gut ich kann, kein Arschloch zu sein, wenn du meine Ausdrucksweise verzeihst. **Liegt vielleicht auch daran, dass mir allzu offensiv zur Schau gestelltes Allytum schnell ein bisschen nach Pinkwashing[14] riecht. Wie siehst du das – ist es trotzdem gut, sich, wo man kann, als trans Ally zu bezeichnen?**

Die Frage ist doch, was das in der Praxis heißt. Für mich zählen Worte wenig, wenn keine Taten folgen. Ob irgendeine Firma einmal im Jahr die Regenbogenflagge hisst oder nicht, ist doch vollkommen wumpe, wenn sie ihre Angestellten nicht korrekt behandelt und sich nicht für gesellschaftlichen Wandel einsetzt, um den es doch letztlich geht. Wenn nur das öffentliche Ansehen des Unternehmens profitiert, kann man seine Regenbogenfahnen in die Tonne treten. Das kann man genauso gut aufs Private münzen. Was bringt es, ab und zu auf Social Media irgendeinen Beitrag zu teilen und zu denken, dass man dadurch die Welt verändert? Es ist ein bisschen so, als würde man verkünden, jetzt nur noch gesunde Sachen zu essen, um dann auf der Couch sitzend einen Liter Sahne zu trinken und sich mit Salatblättern Wind zuzufächeln.

---

14   *Pinkwashing bezeichnet Strategien, mit denen durch das Vorgeben einer Identifizierung mit der queeren Community bestimmte Produkte, Personen oder Firmen beworben werden, um dadurch modern, fortschrittlich und tolerant zu wirken.*

Kannst du eine Situation beschreiben, bei der du echte Allies für trans Personen schmerzlich vermisst hast, so gesamtgesellschaftlich?

Kann ich leider. Mir fällt eine sehr traurige Begebenheit ein. Eine brachial schlimme. Im September 2021 hat sich auf dem Alexanderplatz in Berlin eine trans Frau öffentlich suizidiert, indem sie sich in Brand gesetzt hat. Ihr Name war Ella. Sie stammte aus dem Iran und hatte in Deutschland ein Asylgesuch gestellt. Das war 2015. Ich werde nicht auf die ganzen bürokratischen Gängeleien, alltäglichen Diskriminierungen und Gewalterfahrungen eingehen, die sie hier gemacht hat und die in ihrem Suizid gipfelten, sie würden an sich ein ganzes Buch füllen. Ich möchte darüber erzählen, was nach ihrem Selbstmord auf einem der bekanntesten Plätze Berlins passiert ist: Jemand hat sie während ihrer Tat gefilmt und das Video ins Netz gestellt. Im Krankenhaus hat jemand Fotos ihrer Leiche gemacht, die dann zum Amüsement in WhatsApp-Chatgruppen herumgereicht wurden. Twitter hat vor transfeindlicher Hetze geglüht. Die Polizei hat sie in der Presse konsequent misgendert, also von ihr als Mann gesprochen und die falschen Pronomen verwendet. Selbst im Tod hat man noch nach ihr getreten.

So. Wurde je aufgeklärt, wer die Fotos gemacht hat? Nein. Gab es irgendwelche Konsequenzen für irgendwen? Nein. Wurde das Krankenhaus dafür belangt, dass dort so etwas passieren konnte? Nein. Wo waren da all die Allies, die Wind machen, damit Gerechtigkeit stattfindet? Zu beschäftigt damit, Quadrate für Instagram auszuschneiden – so wie auf dem Höhepunkt der BLM-Bewegung, als auf einmal alle schwarze Kacheln gepostet haben, um sich maximal solidarisch zu zeigen. Hilft im echten Leben rein gar nichts. Ihr Tod bleibt ungesühnt. Wie kann so etwas sein? Außer großspurigen Bekundungen, dass derlei Verhalten doch nicht mit den eigenen Werten übereinstimmen würde, ist nichts passiert.

Ich weiß, das ist ein extremes Beispiel, aber so etwas passiert.

Was kann man also tun?

Wenn man seine Augen ein wenig öffnet und ein Bewusstsein dafür entwickelt, dass es Ungerechtigkeiten und Diskriminierungen gibt, wird man mit zahlreichen Möglichkeiten beschenkt werden, ein*e Ally sein zu können.

Eine wirklich unfassbar traurige Geschichte. Ich muss gerade daran denken, wie oft ich leider früher nichts gesagt habe, wenn ich etwas Transfeindliches mitbekommen habe – und ich schäme mich dafür. Das waren halt immer – im Vergleich zu Ellas Geschichte – „harmlose" Sachen. Dass jemand über trans Personen absichtlich mit falschen Pronomen gesprochen hat. „Er, sie, es, wie sagt man jetzt genau, höhö?" Oder das Wort, das dein Chef damals über dich gesagt hat. Oder woran ich mich auch erinnere: dass Transsein irgendwie die Pointe in einem Witz war, ich mag das auch gar nicht wiederholen jetzt. Das waren immer Situationen, in denen keine trans Person anwesend war. Aber dennoch scheiße.

Richtig. Es sind nicht immer Situationen, die derart gravierend sind, aber trotzdem verletzend. Minimalinvasiv quasi. Das Unwohlsein bei Ärzt*innen. Hässliche Kommentare. Die Angst, sich auf der Arbeit zu outen.

Stell dir vor, du gehst durch die Stadt und jeder Fünfte haut dir auf den Oberarm. Gar nicht mal fest, aber spürbar. Am Ende des Tages wirst du deinen Arm nicht mehr heben können. Und so ist es auch hier. Weniger offensichtlich, aber man geht trotzdem verbeult aus solchen Geschehnissen hervor. Es ist wichtig, dass den Leuten gespiegelt wird, was sie so tun oder von sich geben, auch dann, wenn die betroffenen Gruppen nicht anwesend sind, damit sie verstehen, dass ihr Verhalten nicht abgefeiert wird. Oder witzig ist. Oder überhaupt akzeptabel. Wie hältst du es denn mittlerweile? Sagst du etwas, wenn du etwas mitbekommst?

Ja. Mittlerweile jedes Mal.

Es ist anstrengend, die Spaßbremse zu sein. Ich kapiere, dass es nicht immer leicht ist, seinen Mund aufzumachen. Geht mir genauso. Vor allem, wenn man sich dadurch in Gefahr begibt. Die eigene Sicherheit hat Priorität, das versteht sich von selbst. Aber ganz oft sind es eben die vermeintlich kleinen Sachen: miese Scherze oder beleidigende Kommentare, Quatsch, der verbreitet wird, das Verwenden falscher Namen und Pronomen. Und da kann man zurechtweisen und klarmachen, dass das Mist ist. Und die vermeintlichen Gags nicht im Ansatz lustig sind.

Ich würde sagen, dass es nicht sehr schwer ist – aber das musst natürlich letztlich du beantworten: Bin ich eine passable Ally?

Soll ich dir einen kleinen Orden basteln? Kann ich machen. Vielleicht aus Gurken, dann kannst du im Notfall etwas naschen.

Darum geht's mir nicht, oder wenn, nur ein bisschen. Ich möchte auch andere gerne ermutigen: Es ist gar nicht so schwer, sich nicht wie ein furchtbarer Mensch gegenüber trans Personen und trans Belangen zu benehmen.

Es wird immer so getan, als müsste man ganz speziell mit trans Menschen umgehen. Wir sind doch keine Soufflés. Wenn man uns so respektvoll und anständig behandelt, wie man es hoffentlich mit dem Rest der Welt macht, sind wir, meiner Einschätzung nach, sehr zufrieden. Wir sind keine Fabelwesen, haben Wünsche und Sehnsüchte wie alle anderen auch, wollen Respekt und Ruhe, Perspektiven, die gleichen Rechte, Zusammenhalt und Zuneigung. Es gibt nicht den ultimativen Leitfaden oder ein How to, wie man mit uns umgehen sollte, aber für wen gibt es das schon? Mein heißer Tipp wäre: so wie mit anderen Menschen auch.

Ich kann mich nur an eine Sache erinnern, die mir mal nicht so leicht fiel: Wie umgehen mit der eigenen „Nostalgie", mit den Erinnerungen an früher, wenn man das Gefühl hat, die befreundete trans Person will unbedingt damit „abschließen"? Weißt du, was ich meine?

Schon. Die Frage ist aber, ob die eigene Nostalgie und die angehäuften Sentimentalitäten größer und wichtiger sind als das Glück und die Entwicklung der anderen Person. In meinen Augen nicht. Und auch wieder die Frage: Von wem sprechen wir? Entfernten Bekannten? Verwandten? Freund*innen? Partner*innen? Als ich meine Transition auf Facebook verkündet habe, schrieb mir eine Schulfreundin, die ich seit ungefähr zwanzig Jahren nicht mehr gesehen oder gesprochen hatte, dass ich für sie immer xxx bleiben würde, sie nur gute Erinnerungen an damals habe und ich doch sehr lustig gewesen sei. Aha. In etwa so, als würde ich ihr ein Foto vor die Nase halten, auf dem sie vom Norovirus gepeinigt über einer Kloschüssel hängt, um ihr mitzuteilen, dass ich das extrem komisch fand und sie für mich immer die bleiben wird, die sich die Seele aus dem Leib gekotzt hat. Warum erzählt sie mir das und drängt mir ihre Sentimentalität auf?

Menschen verändern sich. Und das ganz unabhängig davon, wie man das findet. Jemand kann sich in alle Richtungen des Himmels entwickeln, anderer Leute Sehnsüchte und

Erinnerungen sind da nicht relevant. Weil es nicht das eigene Leben ist, sondern das der anderen Person.

Nur, weil ich die Vergangenheit nicht loslassen kann, muss jemand anderes nicht für mein Wohlbefinden auf der Stelle treten und beständig zurückblicken.

Verzwickter ist es in einer Beziehung. Ich kann nachvollziehen, dass man sich in einer Partnerschaft darüber Gedanken macht, welche Veränderungen bevorstehen. Wird die Beziehung die gleiche sein? Wird man noch so empfinden wie vor der Transition? Wird man sich mögen? Für mich völlig legitim, dass man sich diese Fragen stellt, dass man Unsicherheiten hat. Meine Beziehung hat die Transition nicht überlebt. Klar, in einer idealen Welt würde man sagen: Es geht doch um den Menschen und, und, und. Aber wir leben nicht in einer idealen Welt, und wenn sich, wie in meinem Fall, die Partnerin nicht zu Männern wie mir hingezogen fühlt, ist es so. Ich kann niemanden zwingen, den Wandel mitzugehen. Alles hat Konsequenzen und Folgen. Auch das eigene Glück. Soll ich jemanden zwingen, mich zu lieben?

Das ist in meinen Augen aber etwas anderes als die Nostalgie, die irgendwelche Menschen bisweilen reitet, und die sie für so mitteilenswert halten. Für mich ist es unerträglich, wenn mir jemand Bilder von früher schickt und irgendetwas dazu kommentiert, weil ich nicht an dieses frühere Äußere erinnert werden will, das ich so inbrünstig gehasst habe.

Das ist völlig nachvollziehbar. Und wie geht es dir, wenn du an die gemeinsame Vergangenheit mit Leuten denkst, die weiterhin in deinem Leben sind? Deine Freund*innen, deine Schwester etc.? Sind diese Erinnerungen alle getrübt? Manchmal habe ich Angst, über eine besonders lustige oder anderswie eindrückliche Anekdote von damals zu reden, weil ich dann denke, du magst nicht an früher erinnert werden.

Ehrlich? Interessant. Ich für meinen Teil kann das abstrahieren. Würdest du die Geschichte beginnen mit: „Damals, als du xxx hießt und eine prächtige Dame warst …", wäre meine Begeisterung schnell dahin, aber sonst?
Auch, wenn ich es absurd finde, es hervorheben zu müssen: Man ist doch kein komplett anderer Mensch nach der Transition. Nur glücklicher und für sich richtig. Ich habe die gleichen Werte, die gleichen Ansichten, die gleichen Macken, aber ich mag mich mittlerweile und ergebe für mich Sinn. Das vielbeschworene Außen und Innen sitzen jetzt nebeneinander und müssen sich nicht mehr quer durch den Raum anschreien. Weil sie kongruent und stimmig sind.
Wir haben wundervolle gemeinsame Erinnerungen und es wäre schade, wenn sie nicht mehr stattfinden dürften. Muss ich mir zwingend Fotos anschauen, um sie wachzurufen? Nein. Emotionen kommen ohne Polaroid aus, sind wabernd ätherisch und

nicht an Geschlecht oder derlei gekoppelt. Selbst, wenn vieles
für mich früher scheiße war, gibt es Erlebnisse, die ich nicht missen möchte. Die mein Wesen und mein Denken geformt haben,
aus denen ich mich zusammensetze. Unsere gehören neben
ein paar anderen dazu. Ich wünschte, ich wäre währenddessen
glücklicher gewesen. Leichter und unbeschwerter. Weniger angestrengt davon, so zu tun, als wäre ich all das. Ich weiß nicht
einmal, warum ich so ausgiebig versucht habe, allen vorzugaukeln, ich wäre froh. Vielleicht, um es irgendwann selbst zu glauben. Geklappt hat es nie. Aber sich Dinge für die Vergangenheit
zu wünschen und sie ändern zu wollen, ist, wie einen Bären auf
den Mund zu küssen. Null sinnvoll. Es zerkratzt nur der Gegenwart das Gesicht. Alles geschieht zu seiner Zeit.

KAPITEL 4

BEYOND THE BINARY

EIN GESPRÄCH MIT LOUIE

Berlin, 20.6.2017

Zwischen allem immer Alltag. Alltag üben. Alltag verdauen. Alltag organisieren. Mich an mich gewöhnen. Geduld haben. Mit mir und den anderen. Es ist Sommer und ich spiele viele Konzerte. Fahre kreuz und quer durchs Land. Die Raststätten begrüßen mich mit meinem Vornamen und sehen alle gleich aus. Die Männerklos sind vielerorts in einem desolaten Zustand. Ich danke dem Universum für die Erfindung von Sanifair und Toilettenkabinen. Wenn ich mich aufs Klo setze, habe ich Angst, dass jemand unter der Tür durchsieht und mich vor allen Anwesenden bloßstellt. Es passiert nie. Natürlich nicht. Aber erkläre mal der Panik so etwas wie Logik. Sie wird flatternd weiter Kaffee trinken und rauchen. Um unangenehme Zwischenfälle zu vermeiden, schaue ich extra grimmig und desinteressiert, wenn ich das Klo betrete. Manche Männer weichen mir aus. Insgeheim erheitert es mich. Der Sommer ist heiß und ich freue mich, endlich T-Shirts tragen zu können. Manchmal stelle ich mich gegen den Wind und lasse ihn meine Kleidung eng an mich pusten, um zu merken, dass es

nichts mehr zu verbergen gibt. Es mag für Fremde etwas wunder-
lich wirken, wenn ich kichernd mit ausgebreiteten Armen gegen
den Wind stapfe, aber es ist mir relativ egal, der Frohsinn hat den
stärkeren Bizeps. Vieles passiert, anderes passiert nicht. Wahr-
scheinlich funktioniert so das Leben. Fotos oben ohne auf Insta-
gram. Vielleicht peinlich, aber in erster Linie das Versichern und
das Feiern meiner selbst, immer noch am Leben zu sein. Kostbare
Minuten, Stunden, Tage. Jeder gelebte Tag der größte Erfolg. Wei-
tere Atemzüge bedeuten Rebellion und Revolution. Ein Akt des
Aufbegehrens. Alles ist auf einmal politisch. Jedes Aufstehen, je-
des Ausziehen. Manchmal beschwerlich, für andere durchgehend
privilegiert. Sie haben keine Ahnung. Ich hätte oft einfach gerne
meine Ruhe, um sehr viel Brot zu backen und mit meiner Katze
über die Vögel vor dem Fenster zu reden. Doch über allem die Ge-
wissheit, dass ich richtig bin, mein Weg nun gepflastert ist und ich
nur gelegentlichem Unkraut ausweichen muss. Wie oft die Sonne
scheint, wenn man glücklich ist. Wie weit man sieht, wenn man
sich nicht unter dem Leben wegduckt.

Christina: Das hast du 2017 geschrieben. Es klingt so, als hättest du dich damals ziemlich allein gefühlt.

Henri: Doch, schon. Alles war neu, unerprobt und lose. Ich hatte noch keine Erfahrung und kein Gefühl für meinen neuen Alltag. Mir haben viele Jahre der männlichen Sozialisation gefehlt. Klingt kurios, ist aber so. Das Aufwachsen und das Umfeld prägen einen. Bringen einem bei, wie man sich verhalten sollte, wie man zu sein hat, wie man Sachen einordnen muss. Letztlich eben, wie man die Welt auffasst und sie verstoffwechselt. Das musste ich aufholen. Zum anderen gab es in meinem direkten Vertrautenkreis niemanden, der mir zur Seite gestanden und mir gesagt hätte, wie es ist, transmännlich zu sein, bei dem ich mir etwas hätte abschauen können. Oder auch, wie die Hormone wirken. Was es zu beachten gibt. Wie sich eine zweite Pubertät anfühlt. Wie man sich nach der OP verhalten muss. Was normal ist. Es war ein ständiges Abtasten und Herausfinden. Viel unbekannte Materie. Nicht immer leicht. Gruppen sind zwar nicht so mein Ding, aber ich hätte es schon gut gefunden, jemanden zu haben, der mir in meiner Ahnungslosigkeit weiterhilft. Jemanden, der mich einfach versteht, ohne dass ich irgendetwas groß erklären muss.

Irgendwie ist es halt doch etwas anderes, sich Videos im Netz anzuschauen. Selbst mit Leuten zu schreiben, ersetzt ja nicht den persönlichen Austausch.

Überhaupt zu wissen, an wen ich mich mit meiner Ratlosigkeit wenden könnte. Ich erinnere mich, dass mir damals eine Bekannte den Kontakt von einem Freund gegeben hat, der trans ist. Weil ich wissen wollte, ob sie jemanden kennt. Dem habe ich dann bei Facebook eine Nachricht geschrieben, ob ich ihm eventuell ein paar Fragen stellen könnte. Er hat mir kürzlich geantwortet. Nach etwa fünf Jahren. Time flies when you're having fun!

Und dann gibt es da außerdem noch dieses ganze Gerede, die Vorurteile, die vermeintlichen Privilegien, es gibt so viel Zeug, das ich mir reinziehen muss. Nun ist es aber so, dass ich mich „immerhin" eindeutig männlich fühle und auch so gelesen werde. Wie geht es denn dann Menschen, bei denen das nicht so ist? Die sagen, dass sie sich im Binären nicht verorten können oder wollen? Drehen die Leute dann endgültig hohl?

Ich finde das Binäre auch nicht allzu zielführend, aber: Nach außen passe ich als absolutes Vollweib, daher kann ich dir das auch nicht beantworten.

Ganz klar. Deshalb habe ich mir gedacht, wir holen uns Verstärkung, lernen ein wenig dazu. Bisher habe hier ja nur ich über mein Transsein gesprochen. Wie das für mich ist, was ich erlebt habe und erlebe. Als trans Mann, der sich zielsicher männlich verortet. Ich wüsste aber auch gerne, wie es ist, wenn man sich nicht in diesem binären System wiederfindet, und was das für das eigene Leben bedeutet.

Deswegen habe ich Louie Läuger in unseren kleinen Gesprächs-
kreis eingeladen. Louie illustriert und schreibt, zum Beispiel das
Buch „Re-Thinking Gender". Themenschwerpunkte von Louies
Arbeit sind Feminismus, Bildung und soziale Gerechtigkeit. Abgesehen davon macht Louie ausgezeichnete Pancakes. So viele
gute Dinge. Und Louie ist non-binär. Darum soll es hier gehen.
Wir fügen hier für alle unsere Unterhaltung mit Louie ein.

HENRI & CHRISTINA IM GESPRÄCH MIT LOUIE LÄUGER

Henri: Hallo, Louie. Danke, dass du unserer kleinen Gesprächs-
runde beiwohnst.
Und wir legen auch gleich los: Mir ist es wichtig, eindeutig als
Mann gelesen zu werden und mich dort zu verorten. Du be-
zeichnest dich als nicht-binär und trans. Kannst du einmal beschreiben, was das bedeutet?

Louie: Na klar! Also, das Wort „binär" leitet sich von „binarius" aus dem Lateinischen ab und heißt erst einmal nur „zweiteilig". Einige kennen das vielleicht vom Programmieren, da gibt es eine binäre Sprache mit Nullen und Einsen. Ähnlich wurde sehr lange in unserer Gesellschaft mit Geschlecht umgegangen. Wir haben da zwei Schubladen, eine heißt „männlich", die andere „weiblich", und das war es dann auch schon mit den Optionen. Nicht-binär, non-binär oder non-binary sind alles Sammelbegriffe für Identitäten, die nicht oder nur teilweise in diese zwei Kategorien passen. Eine Vorstellung, die vielleicht ganz hilfreich ist: Nehmen wir einmal an, „männlich" wäre auf einer Weltkarte an der Stelle von Berlin und „weiblich" bei Sydney, dann ist meine Identität irgendwo bei Singapur. Es gibt aber auch non-binäre Personen, deren Identität auf dieser Karte eher bei Kapstadt oder Rom wäre. Oder in einem Flugzeug. Oder auf dem Mond. Darüber, dass trans bedeutet, sich nicht mit dem Geschlecht zu identifizieren, das einem bei der Geburt zugeschrieben wurde, habt ihr ja schon geschrieben. Bei non-binären Personen trifft das ebenfalls zu, wobei sich nicht alle mit dem trans Begriff identifizieren. Mir wurde bei der Geburt zum Beispiel „weiblich" zugeschrieben, aber da fühle ich mich heute nicht zu Hause. Nur bei „männlich" eben auch nicht.

Christina: Wo fühlst du dich denn dann zu Hause? Ich war noch nie in Singapur, muss ich dazu sagen ... Vielleicht kannst du es uns ja beschreiben?

Louie: Ich kann es zumindest versuchen. Wobei ich immer wieder feststelle, dass unsere Sprache wirklich wenige Wörter hat, um so eine komplexe und abstrakte Sache wie Geschlechtsidentität zu beschreiben. Und meistens ist ein „Das fühlt sich halt einfach richtig an" ja nicht die Antwort, nach der Leute suchen. Mein metaphorisches Singapur (im echten war ich auch noch nie, schade) fühlt sich warm und gemütlich an. Nach einem Ort, an dem ich authentisch ich selbst bin. Nicht-binär zu sein bedeutet für mich, Uneindeutigkeit und Fluidität willkommen zu heißen und gleichzeitig viel Sicherheit zu spüren. Wenn jemand mich als nicht-binär beschreibt, ist das ein bisschen wie umarmt zu werden.

Ich komme mit diesen Beschreibungen, wie vermutlich sehr viele Menschen, sehr schnell an meine Grenzen. Viele greifbare Themen wie Kleidung, Körper oder Pronomen haben ja mehr mit dem Geschlechtsausdruck zu tun als mit dem Wissen um meine Identität.

Henri: Es scheint eine sehr große Sehnsucht nach Schubladen zu geben, da stimme ich dir zu. Und zudem ein Einfordern von Erklärungen, die die meisten cis Leute über sich selbst mit Sicherheit gar nicht parat hätten. Wie zum Beispiel, woher man denn nun weiß, wer man ist.

Louie, ein anderes großes Thema, du hast es eben schon benannt, sind Pronomen. Welche verwendest du für dich? Und warum findest du es wichtig, nach den Pronomen zu fragen?

Louie: Haha, ja, die Frage kommt wirklich immer. Also, ich selbst habe keine Pronomen und nutze geschlechtsneutrale Begriffe, also zum Beispiel „Künstler*in". Ich kenne aber auch viele nicht-binäre Personen, die sie / ihr oder er / ihn Pronomen haben. Und dann gibt es natürlich noch Neo-Pronomen, zum Beispiel dey / dem oder xier / xien. Das sind Wortneuschöpfungen, die unsere Sprache inklusiver gestalten sollen.

Und zum Thema „nach Pronomen fragen" ... Ich würde das, glaube ich, gar nicht so sagen. Leute nach Pronomen zu fragen, kann ja super unangenehm für die befragte Person sein. Zum Beispiel kenne ich trans Männer, die das an die Zeit ihrer Transition erinnert, als andere sie nicht eindeutig als Mann wahrgenommen haben. Bei diesen Menschen könnte so eine Frage dann unschöne Gefühle auslösen. Oder vielleicht frage ich jemanden, während eine Person in der Nähe steht, bei der ein Coming-out irgendwie unpassend wäre.

Mein Ansatz ist eher: Ich stelle mich selbst mit Pronomen vor und öffne damit einen Raum. Und das wünsche ich mir auch von cis Personen. Wenn ich zum Beispiel jemanden kennenlerne und dieser Mensch sagt: „Hey, ich bin Philipp, er / ihn, freut mich!", dann weiß ich direkt: Cool, der Philipp weiß, dass Pronomen ein Ding sind, und wird mich nicht schräg anschauen, wenn ich sage, dass ich keine habe.

Christina: Ähnlich wie beim Gendern, oder? Ich freue mich auch immer, wenn Leute das machen, weil ich dann weiß: Ha, die Chancen, dass ich es da gerade mit üblen Sexist*in-

nen oder queerfeindlichen Menschen zu tun habe, sind eher gering. Und jetzt einmal ganz praktisch gesprochen: Wenn jemand keine geschlechtsneutrale Sprache verwendet, wirst du ja einfach nicht angesprochen, oder?

Louie: Genau, werde ich nicht. Ich wurde vor einer Weile zum Beispiel angefragt, ob ich etwas für ein „Frauenmagazin" schreiben möchte. Ich habe mich erst einmal erkundigt, wer denn mit Frauen gemeint sei. Die Antwort war, dass es schon eigentlich FLINTA* seien. Aber als ich zurückgefragt habe, ob eine nicht-binäre Person, die männlich gelesen wird, auch für das Magazin schreiben dürfte, wurde das verneint. Ich habe letztendlich abgesagt, weil sich das zu doll angehört hat nach: „Na ja, eigentlich bist du ja eine Frau, sehen wir ja, aber du identifizierst dich halt mit dem Wort nicht-binär." Da habe ich mich nicht besonders ernst genommen gefühlt.

Henri: Das verstehe ich. Ein bisschen à la „Quote erfüllt, aber eigentlich egal". Kommt mir bekannt vor … Was ist in deinen Augen denn das größte Missverständnis, das die Leute in Bezug auf Non-Binarität haben?

Louie: Ein Missverständnis, das mir immer wieder begegnet, ist, dass alle nicht-binären Identitäten genau auf die Mitte zwischen männlich und weiblich fallen – was auch immer das heißen mag. Und dass alle nicht-binären Personen sich entsprechend androgyn ausdrücken. Für Menschen außerhalb der queeren Community ist vielleicht gar nicht klar, wie groß und vielfältig

die Community hinter dem Begriff non-binary ist. Um nur ein paar Beispiele zu nennen:
Es gibt Menschen, die non-binary und agender sind. Oder nicht-binär transmännlich. Oder non-binary genderfluid. Also was konkret hinter diesem Wort non-binär steckt, ist sehr viel individueller, als viele erst mal annehmen. Und wie eine Person ihre individuelle Geschlechtsidentität dann ausdrücken möchte, ist damit ja auch noch nicht gesagt. Diese Annahme, dass non-binäre Personen alle androgyn aussehen (wollen), entspricht so nicht der Realität.

Christina: Bei dir, Henri, war es immer klar: Deine Geschlechtsidentität ist männlich und dir sind „Insignien" wie eine tiefe Stimme und ein schöner Bart sehr wichtig.
Deshalb war auch die Transition so essenziell, logisch. Louie, wie ist das denn, wenn eine non-binäre Person eine Transition möchte? Welche Möglichkeiten gibt's es da? Oder geht es darum oft gar nicht?

Louie: Es geht sicherlich nicht allen nicht-binären Personen um das Thema Transition, denn viele wollen gar keine. Und die Personen, die doch eine wollen, wollen auch nicht alle das Gleiche. Ich kenne zum Beispiel non-binary Personen, die keine Namensänderung hatten und auch keine haben möchten. Ich hatte aber zum Beispiel eine Namens- und Personenstandsänderung. Und auch medizinisch wünschen sich unterschiedliche Menschen eben unterschiedliche Dinge. Einige AFAB[15] Perso-

15   *AFAB: Assigned female at birth*

nen wollen eine Mastektomie, andere eine Brustverkleinerung, wieder andere gar keine OP. Oder die Hormone stehen im Vordergrund. Ich glaube, hier ist es wieder wichtig, im Hinterkopf zu behalten, dass non-binary ein Sammelbegriff ist für ganz viele Identitäten. Um bei der Weltkarten-Metapher von vorhin zu bleiben: Klar hat eine Person in Rom andere Bedürfnisse als eine in Kapstadt.

Letztendlich geht es bei der Transition wie auch bei binären trans Personen um die Frage nach Dysphorie: Mit welchen Aspekten von Geschlecht fühle ich mich unwohl und was kann ich daran ändern? Und die Antworten können dann von Namen und Pronomen bis hin zum Körper reichen.

Für viele nicht-binäre Personen löst auch die zugeschriebene Geschlechterrolle Dysphorie aus. Du hast das ja vorhin erwähnt, Henri, wie wichtig dir das ist, als Mann gelesen zu werden. Ich würde gerne nicht-binär gelesen werden. Aber wir leben nun einmal in einem binären System und keine Form der Transition kann daran etwas ändern. Wenn man sich zum Beispiel einen Menschen vorstellt, der männlich gelesen wird und Nagellack und Ohrringe trägt, ist die erste Annahme häufiger, dass es sich um einen schwulen Mann handelt und nicht um eine non-binäre Person. Zumindest außerhalb von queeren Bubbles habe ich diese Erfahrung gemacht. Deswegen ist es so wichtig, dass wir alle lernen, Geschlecht nicht mehr einfach anzunehmen. Einigen Menschen sieht man es nämlich nicht direkt an.

Henri: Ich erinnere mich ziemlich deutlich daran, wie aufwendig und kompliziert die ganzen Anträge waren, die ich der

Krankenkasse stellen musste, um OPs bewilligt zu bekommen. Hormone zahlt die Kasse auch erst, wenn man ein Indikations-schreiben der*s Therapeut*in vorlegt. Bei mir war und ist die Sachlage, wenn man es denn so plump formulieren möchte, sehr eindeutig binär. Wie ist das, wenn man non-binär ist? Gibt es da ein gängiges Prozedere oder ist alles braches Neuland?

Louie: Auf jeden Fall ziemlich braches Neuland! Das fängt schon damit an, dass nicht-binäre Personen in den Leitlinien der Krankenkassen gar nicht existieren. Einige Gutachter*innen geben auch nicht-binären Menschen die trans Diagnose – andere nicht. Ich kenne nicht-binäre Menschen, die gegenüber Therapeut*innen, Ärzt*innen und der Krankenkasse behauptet haben, binär trans zu sein, um an Maßnahmen zu kommen. Das allein ist schon absurd.

Andererseits sollte es auch gar kein einheitliches „so sieht der nicht-binäre Weg aus"-Prozedere geben. Weil eben das Spektrum an nicht-binären Erfahrungen so groß ist. Das heißt, statt ein gängiges Prozedere zu etablieren, müsste eigentlich geöffnet und vereinfacht werden, was alles als geschlechtsangleichende Maßnahme gilt, und unter welchen Voraussetzungen die Krankenkasse diese übernimmt. Als AFAB Person, die eine Mastektomie möchte, findet man noch einen Weg – man kann sich die trans Diagnose abholen und von der Hormonbehandlung frei attestieren lassen. (Streit mit der Krankenkasse ist bei diesem Weg vorprogrammiert.) Alles andere wird schwierig bis unmöglich. Eine Brustverkleinerung zum Beispiel wird als Schönheits-OP gehandhabt, es sei denn, man kann so etwas wie chronische

Rückenschmerzen als Grund nachweisen. Das muss also auf jeden Fall selbst bezahlt werden. Ich finde, hier merkt man ganz stark die Absurdität dieser Kontrolle über trans Gesundheitsmaßnahmen. Wenn ich das Geld dafür habe, kann ich mir übermorgen eine neue Nase oder eben neue Brüste machen lassen – aber trans Menschen müssen erst einmal beweisen, dass sie wirklich, wirklich wissen, was sie wollen. Und das, obwohl sogar nachgewiesen ist, dass geschlechtsangleichende Operationen nur extrem selten bereut werden.[16]

Henri: Ich konnte meinen Personenstand und Namen mittels des TSG ändern lassen. Es gibt aber auch die Namens- und Personenstandsänderung nach § 45b PStG, die einen Eintrag als divers ermöglicht. Kannst du uns erklären, was es damit auf sich hat?

Louie: Dieser Paragraph im Personenstandsgesetz war die Antwort der Bundesregierung unter Merkel auf eine erfolgreiche Klage vor dem Bundesverfassungsgericht der Kampagne „Dritte Option". In dieser Kampagne haben sich inter* Personen zusammengetan und dafür gekämpft, dass es einen dritten Geschlechtseintrag geben muss. Heute gibt es die Möglichkeit, „divers" eintragen oder den Geschlechtseintrag komplett streichen zu lassen.
Der größte Unterschied zum TSG ist der Ablauf. Für die Änderung nach § 45b PStG braucht man ein medizinisches Gutach-

---

16   *https://journals.lww.com/prsgo/fulltext/2021/03000/regret_after_
        gender_affirmation_surgery__a.22.aspx*

ten. Damit geht man dann zum Standesamt, füllt ein Formular aus, legt um die dreißig Euro auf den Tisch und das war es dann auch schon. Je nachdem, wie die Person so drauf ist, die einem im Standesamt gegenübersitzt, kann das natürlich auch noch etwas komplizierter ablaufen. Aber man muss eben nicht vor Gericht, und das Gutachten kann auch von Hausärzt*innen kommen.

Dieses Gutachten ist bis heute umstritten. Zum einen, weil damit an der Pathologisierung von queeren Menschen festgehalten wird. Zum anderen, weil der Gesetzestext an der Stelle ein bisschen ... na ja, unklar ist. Im § 45b PStG steht nämlich, dass der Eintrag „divers" für Menschen ist, die „nicht dem männlichen oder weiblichen Geschlecht zugeordnet werden können" beziehungsweise eine „Variante der Geschlechtsentwicklung" aufweisen (§§ 22 Abs. 2, 45b Abs. 1 PStG). Was das jetzt genau heißt, wird immer noch vor Gerichten ausgehandelt. Die Absicht der CDU[17] beim Verfassen dieses Textes war, dieses Gesetz ausschließlich und nur für inter* Personen gelten zu lassen. Aber Nicht-binärsein passt ja auch ganz wunderbar in die Beschreibung. Bei einigen Standesämtern werden Gutachten von Therapeut*innen (also mit Bezug auf die Identität) akzeptiert, andere wollen ein Gutachten von Internist*innen (mit Bestätigung der Inter*geschlechtlichkeit) sehen.

Bei mir persönlich lief der ganze Prozess sehr skurril ab. Zuerst wurde ich vom Standesamt an meinem Wohnort abgewiesen, denn es sei das Standesamt der Geburt zuständig. Es sei denn, ich wäre verheiratet, dann wäre es das Standesamt der Ehe-

---

17   *https://www.queer.de/detail.php?article_id=32558*

schließung. Nach vielem Hin und Her hat sich dann irgendwann doch das Standesamt an meinem Wohnort zuständig gefühlt – und meinen Fall gemütlich von einer Abteilung zur nächsten gereicht, bis sich eine Sachbearbeiterin der Abteilung „Kirchenaustritte" Zeit genommen hat. Die Person, die letztendlich vor mir saß, hat mir auch ganz deutlich gesagt, dass die Standesämter nicht auf diese neue Aufgabe vorbereitet wurden, und dort kaum jemand eine Expertise für queere Themen habe.

Weil mein Gutachten von einer Internistin kam, war klar, dass mein Fall durch § 45b PStG abgedeckt ist. Deswegen ging der nächste Schritt wirklich unkompliziert. Formular mit meinem gewünschten, neuen Namen ausgefüllt, Gebühr bezahlt und wieder heimgegangen. Ein paar Wochen darauf kam Post vom Standesamt mit der Aufforderung, noch einmal vorbeizukommen. In Deutschland muss sich nämlich eindeutig vom Namen auf das Geschlecht schließen lassen. Wenn ich mein Kind zum Beispiel Kim nennen möchte, kann das Standesamt darauf bestehen, dass dieses Kind einen eindeutig männlichen beziehungsweise eindeutig weiblichen Zweitnamen bekommt – entsprechend des zugeschriebenen Geschlechts. Auch hier kommt die Handhabung sehr auf das jeweilige Standesamt an. Mein zuständiges Standesamt hat entschieden, dass ich einen eindeutig uneindeutigen Zweitnamen brauche. Louie sei ein männlicher Name und es müssten ja die gleichen Regeln für alle gelten.

Deswegen heiße ich jetzt Louie Mika.

Ich glaube, ich fand die Bürokratie in Deutschland noch nie zuvor so absurd und unnötig, wie bei meiner Namens- und Personenstandsänderung.

Christina: Jetzt wollen wir mit diesem Buch ja zumindest ein paar der brennendsten Fragen rund ums Thema Transsein an- und besprechen. In der frommen Hoffnung, dass es mehr Verständnis gibt und auch Henri zum Beispiel nicht mehr ständig mit vermeintlicher Neugierde belästigt wird.

Henri: Das würde mich begeistern. Ein freundliches Miteinander ohne die angesprochene, lauernde Sensationslust. Geht dir wahrscheinlich ähnlich, oder Louie? Was sind die brennenden Fragen, mit denen man sich als non-binäre Person herumschlagen muss?

Louie: Ich glaube, die brennendste Frage, die mir immer wieder begegnet, ist eine Variante von: „Was heißt das jetzt genau?" Ich merke schon sehr stark, wie groß der Wunsch von nicht-queeren Menschen nach klaren Kategorien ist, nach einer eindeutigen Definition, einer greifbaren und simplen Beschreibung.

Alok Vaid-Menon hat in „Getting Curious" auf Netflix beschrieben, warum nicht-binäre trans Identitäten häufig als bedrohend oder verunsichernd wahrgenommen werden: „We represent possibility. We represent choice, being able to create a life, a way of living, a way of loving, a way of looking that's outside of what we've been told that you should be."[18] Das trifft es, finde ich, sehr gut. Nicht-binäre Identitäten rütteln an dem gesamten

---

18   *Übersetzung: „Wir verkörpern Chancen. Wir stehen für Entscheidungsfreiheit, für die Möglichkeit, unser Leben zu gestalten, die Art zu leben und zu lieben, und für eine Sichtweise, die über das hinausgeht, was man uns vorschreibt."*

Konstrukt von Geschlecht – und die Antwort ist dann oft, nach weiteren Definitionen, mehr Konstrukten zu fragen. Von Menschen, die „Was heißt das jetzt genau?" fragen, würde ich mir wünschen, dass sie ihre Unsicherheiten erst einmal aushalten und sich mit ihrem eigenen Geschlecht beschäftigen, statt cisheteronormative Konstrukte auf queere Identitäten anwenden zu wollen.

Christina: Und als jemand, die selbst nicht trans ist, kann ich allen cis Personen sagen, die das lesen und sich vielleicht denken, huch, das klingt ja nach einer Challenge: „Unsicherheiten aushalten" und so. Es ist ganz cool, wenn man einmal darüber nachdenkt, dass ganz viele der gängigen Geschlechtsvorstellungen eben genau das sind, nämlich konstruiert. Und das kann ja auch total befreiend sein.

Henri: Ganz genau. Und das gilt tatsächlich für alle, egal ob trans oder cis. Klingt ein bisschen nach Instagram-Motivationsmantra, ist aber so. Louie, danke dir für das so informative Gespräch!

Louie: Sehr gerne!

Henri: Wäre es nicht interessant zu hören, wie weitere Menschen ihr Transsein erleben? Meine Sicht der Dinge ist nur ein Teil vom Puzzle, Louies Erzählung ein anderes. Aber wir wollen doch das ganze Bild!

Christina: Da hast du völlig recht. Und deshalb haben wir mit Menschen aus der Community gesprochen und sie gebeten, uns von ihren persönlichen Erfahrungen, Einschätzungen und Wünschen zu erzählen.

Henri: Ihr findet die Interviews im Anschluss an unser Gespräch unter „Fragerunde" ab Seite 123.

KAPITEL 5

KOMMST DU MIT?

VIEL MEHR STIMMEN

Die Seile, die bisher jegliches Wachstum unterbunden oder zum Kraftakt gemacht haben, sind gelöst. Ich bin heute anders als vor ein paar Jahren. Das hat nichts damit zu tun, dass jetzt immense Mengen an Testosteron meinen Körper fluten und ich ein prächtiger Holzfäller bin. Es liegt daran, dass ich nicht mehr 24 Stunden am Tag damit verbringen muss, mich inständig zu hassen und mein Leben in einen ausbrechenden Vulkan zu wünschen. Dass meine Gedanken nicht mehr ins Unglück betoniert sind, dass Raum ist für Entwicklung. Ich nehme an, dass die Gedanken selbst verwundert sind, dass sie auf einmal neue Hobbys haben dürfen ... Und dass ich bisweilen sogar so etwas wie Glück über mein eigenes Dasein empfinde. Dass ich mich nicht mehr damit aufhalte, mich sonderbar und komisch zu fühlen, sondern behaupten kann, dass alles seine Richtigkeit hat. Dass ich meine Richtigkeit habe. Ich bin nicht abgepaust von dem, was andere für korrekt oder plangemäß ausgeführt halten. Keine Vorstellung, die sie sich wünschen und der sie bei Gelingen Applaus schenken. Darum geht es nicht. Bei keinem Menschen.
Meine Geschichte ist eine Geschichte, keine Pointe.

Sie ist Teil einer Unterhaltung, aber nicht Unterhaltung. Und vor allem nicht tragisch. Sie ist kein unterirdischer Turm ohne Aussicht. Sie ist eine von vielen Geschichten, von vielen Kurven, die das Leben so einschlagen kann. Es gibt keinen Grund, zu verzweifeln. Nicht an mir oder dem, was das Leben mir so eingepackt hat. Mag sein, dass einige Dinge ein Ende gefunden haben. Dass Menschen verschwunden sind. Dass es andere Schleichwege Richtung Frohsinn gibt. Aber so ist es. Man darf nicht rückwärtsgehen und schauen, was auf der Strecke geblieben ist, denn dadurch rennt man leicht das Neue um und verstaucht sich den Knöchel. Man muss nach vorne schauen, selbst wenn die Sonne blendet.

Transsein ist nicht die Decke, die alles andere unter sich versteckt. Es ist eine Eigenschaft, die mich mit ausmacht. Wie mit meiner Katze zu reden, Brot zu backen, blaue Augen zu haben, bei Kälte unglücklich zu werden, Erdnussbutter als Hauptnahrungsquelle zu betrachten, beim Rollerfahren Lieder zu erfinden, keinen grünen Daumen zu besitzen und eine Handschrift zu haben, als säße ein zitternder Spatz auf meinem Stift. All das. Und eben trans. It is what it is. Trans, Brot, blaue Augen, Waage, komische Füße. Ein reguläres Leben mit einer kleinen Kurve.

Christina: Es klingt, als seist du ein Stück weit angekommen, kann das sein? Wie geht's dir, wenn du diese vielen unterschiedlichen Antworten in den Interviews mit anderen trans Personen liest?

Henri: Meine Gefühle schaukeln. Zum einen ist es wunderbar zu lesen, dass das Leben sich in die Richtung der Sonne drehen kann. Dass Sachen sich verbessern lassen. Dass Glück möglich ist. Gleichzeitig ist in den Antworten aber auch viel Trauer und Wut spürbar. Was für mich sehr nachvollziehbar ist. Wer wird schon froh, wenn er*sie sich so viel mit sich selbst herumschlagen muss, wie wir es tun.
Und dann kommt auch noch der Müll der Welt obendrauf. Aber all diese Geschichten zeigen mir, dass es wichtig ist, gegen die Vereinzelung anzugehen. Zu erkennen, dass man nicht alleine ist. Dass es anderen genauso geht. Oder zumindest ähnlich. Wie ging es dir mit den Antworten unserer Gäste?

Ich lese eine Aufforderung raus: dass wir alle – egal, ob selbst trans oder cis, binär oder nicht-binär, fluide oder nicht – für unser Recht auf geschlechtliche Selbstbestimmung kämpfen müssen, und zwar zusammen. Wenn man immer nur den Mund aufmacht, wenn es einen ganz persönlich betrifft, kämpft am Ende jede*r auf verlorenem Posten. Vor allem, wenn man sich mal anschaut, was sich auf der „Gegenseite" so zusammenbraut.

Ich fürchte beinahe, dass das Gebräu schon ziemlich weit ist. Mich gruselt, wie wenig Probleme es bestimmten cis Feministinnen bereitet, sich mit irgendwelchen Rechten zusammenzuschließen, um gegen trans Menschen zu hetzen. Hauptsache dagegen, ganz egal, an wessen Seite man marschiert. Hauptsache Applaus für die eigene Meinung und das eigene, kleine Ego. Es haben sich Netzwerke und Zusammenschlüsse gebildet, die sich im Hass gefunden haben und jetzt auf niedrigstem Niveau Ängste schüren und gegen die „Gender-Ideologie" aufwiegeln. Dass das brandgefährlich ist, muss ich nicht ausführen, oder? Wenn man einen kleinen Ausblick darauf haben möchte, wohin die ganze Hetze führen kann, muss man nur schauen, was die USA aktuell so treiben. Und da Deutschland sich in Sachen Trends gerne von Amerika inspirieren lässt, wird mir angst und bange.

Wo nun tatsächlich das Recht auf Abtreibung abgeschafft wurde. Eines der Kernanliegen des Feminismus. Vielleicht hätte man weniger darüber diskutieren sollen, ob trans Frauen Frauen sind, und sich mehr auf diesen Backlash konzentrieren müssen.

Exakt. Und dieser Backlash hat doch nicht bloß Konsequenzen für trans Personen. Da geht es für ziemlich viele ab ins vorletzte Jahrhundert: Frauen, Menschen, die nicht heterosexuell sind, BIPoC, arme Menschen usw. Das Wettern gegen trans Menschen, ihr Verunglimpfen und das Schüren einer diffusen Panik sind der Anfang.[19] Warum? Weil es einfach ist und funktioniert, weil unsere Rechte und unser Stand in der Gesellschaft sehr fragil sind.

Ich gebe zu, dass es ein bisschen nach einer großen Verschwörung klingt, wenn man sagt: Das, liebe Kinder, ist nur der Anfang! Aber nun, was soll ich sagen ...

Dass sich die verschiedenen Strömungen des Feminismus oder marginalisierte Gruppen gegenseitig bekämpfen, kommt dem Backlash natürlich auch total gelegen. Ist doch super: Statt sich gegen die Urheber des Backlashs zu wenden und Kräfte zu bündeln, halten die Leute sich selbst klein und spalten sich immer weiter auf, bis sie zu klein sind, um irgendetwas zu erreichen. Da lacht das Böse und genehmigt sich einen Drink vor lauter Glückseligkeit, wie leicht es ihm gemacht wird.

Das wollen wir dem Bösen aber natürlich nicht durchgehen lassen. Und während wir mit einem wachsamen Auge das Böse im Blick behalten – lass uns doch noch einmal mit dem anderen Auge darauf schauen, was dir Hoffnung gibt, dass am Ende alles gut wird. Was läuft jetzt schon okay?

So ist es! Die Dunkelheit darf niemals siegen. Behaupte ich einfach mal sehr großspurig. Meine Hoffnung ist, dass der Fortschritt in der Gesellschaft unaufhaltsam ist. Dass die aktuelle Stimmungsmache das letzte Aufbegehren und Prusten eines sinkenden Urtiers ist, das die letzten Jahrzehnte alles plattgemacht hat, während es behäbig und bräsig auf dem Meer der

19   *https://www.volksverpetzer.de/lgbtqi/extreme-rechte-feministinnen/*

Möglichkeiten herumgeschaukelt ist. Die Gesellschaft hat sich immer weiterentwickelt. Immer. Und es gab immer Gruppen, die sich dagegen gesträubt haben. Weil ihnen dadurch die eigene Vergänglichkeit und Bedeutungslosigkeit unter die Nase gerieben wurde? Wer weiß es. Jedenfalls gab es rückblickend niemals so etwas wie einen kompletten Stillstand, auch wenn es sich für einige so angefühlt haben mag. Es geht vorbei, es geht weiter.

Ich glaube, die Mehrheit der Menschen ist besser als die Meinung, die ich aktuell vielleicht von ihr habe.

Und wenn sie nicht besser ist, dann zumindest gleichgültig, was auch schon ein Gewinn ist, weil sie damit immerhin niemandem aktiv wehtut.

Was läuft okay? Es gibt Menschen in der Politik, die sich für uns starkmachen. Es gibt Sichtbarkeit und Repräsentation. Es gibt mutige Stimmen, denen Raum gegeben wird. Es gibt Gegenwind, wenn Unrecht geschieht. Es gibt Aufmerksamkeit. Es gibt Wirbel. Es gibt Anerkennung. Nicht überall, aber immer mehr. Und auch, wenn der Weg bis hierher nicht leicht war und er es immer noch nicht ist: Es ist viel passiert. Und wird hoffentlich noch passieren. Denn letzten Endes geht es hier um Menschenrechte und das Anerkennen selbiger. Eigentlich bizarr, dass sie überhaupt verhandelt werden müssen. Eines möchte ich noch sagen: Ich finde es bedauerlich, dass die Menschen, die den Stein in den 1980ern ins Rollen gebracht haben, das nicht mehr miterleben können. Marsha P. Johnson und Sylvia Rivera etwa. Zwei Schwarze trans Frauen aus den USA, die die Stonewall Riots mitgestartet haben. Der Aufruhr, der den heutigen CSD begründet hat.

Und was lief und läuft bei dir ganz persönlich okay? Welche guten Erfahrungen hast du gemacht, die anderen trans Personen Mut machen könnten?

Ich will gar keine einzelnen Erfahrungen hervorheben, weil es an sich erfüllend und labend ist, zu wissen, dass man für sich die einzig richtige Entscheidung getroffen hat. Dass man sich richtig fühlt und richtig ist. Zu stimmen. Auch nach außen kongruent mit dem Inneren zu sein. Sich nicht mehr selbst auszubremsen, weil man sich so grundfalsch vorkommt. Sich nicht mehr dauernd hassen zu müssen. Das hat durchaus Vorteile und trägt zu einer gewissen Lebensqualität bei.

Na gut, vielleicht doch eine große Erfahrung, die ich gemacht habe: Die große Panik, dass meine Freund*innen und die ganze Welt mich verstoßen würden, hat sich nicht bestätigt. Ich gehe weiterhin in meinen Sportverein, und ob ich trans bin oder nicht, interessiert niemanden. Ich arbeite in fantastischen Projekten, zum Beispiel an der Schaubühne in Berlin. Ich werde mit „Herr Jakobs" angesprochen und niemand schaut mich deswegen komisch an. Ich kann nach Jahrzehnten endlich in den Spiegel blicken, ohne irgendetwas (in erster Linie mich) kaputtmachen zu wollen. Ich kann im Freibad abhängen, schwimmen und Pommes futtern, und es ist allen egal.

Gute Dinge passieren, wenn man authentisch man selbst ist, davon bin ich felsenfest überzeugt. Ich komme mir schon wieder wie ein Mantra-Mondkalender vor. Soll ich mir neblige Landschaften auf den Rücken tätowieren lassen?

Ich habe gerade tatsächlich lachen müssen, weil ich ernsthaft nicht weiß, was auf deinem Rücken tätowiert ist – aufgrund meiner rekordverdächtigen Sehschwäche. Abgesehen von geschmackssicheren Tattoos. Obacht, Journalist*innenfrage: Ganz konkret, was wünschst du dir für die Zukunft?

Du meinst neben einer Backwaren-Flatrate? Das wäre zwar fatal, aber trotzdem ziemlich gut. Okay, ich wünsche mir Ruhe und Selbstverständnis. Weniger Twittergeballer. Kein Clickbaiting hinter Paywalls. Weniger Meinung. Mehr Fakten. Und um es weniger metaphorisch zu sagen: Ich wünsche mir, dass trans Menschen als Realität anerkannt werden. Als eine der vielen Varianten der vermeintlichen Norm, die das Leben bereithält. Keine Sensation, sondern Personen mit individuellen Geschichten, Erfahrungen und Eigenschaften. Ich wünsche mir, dass Transgeschlechtlichkeit in der medizinischen Ausbildung als Standard stattfindet und dadurch die Versorgung verbessert wird. Ich wünsche mir, dass niemand mehr Angst haben muss, sich in medizinische Behandlung zu begeben. Ich wünsche mir die Möglichkeit eines selbstbestimmten Lebens. Ich wünsche mir mehr Aufklärung. Ich wünsche mir Besonnenheit. Ich wünsche mir Zeit. Ich wünsche mir gut subventionierte Beratungsstellen. Ich wünsche mir, dass es irgendwann einfach egal ist, ob trans oder cis. Und natürlich wünsche ich mir eine Backwaren-Flatrate. Was soll ich sagen, ich liebe Brot.

Ich denke, das kam rüber, deine Liebe zu Brot. Ein letzter Rat an unsere Leser*innen, bevor wir uns in den Sonnenuntergang verabschieden?

Gemeinsam auf einer Erdbeere in den Sonnenuntergang reiten, so habe ich mir das vorgestellt. Endlich!
Mein Rat wäre, einander zuzuhören. Zu sprechen. In dieser Reihenfolge. Zu realisieren, dass die eigene Meinung in erster Linie nur eine Meinung ist und nicht unbedingt mit der Realität übereinstimmen muss. Zu kapieren, dass man nicht zu kurz kommt, weil andere fair behandelt werden. Offen und nicht gleich beleidigt zu sein. Niemals auf Twitter zu gehen, denn dort bekommt man immens schlechte Laune. Nicht zu denken, dass etwas falsch sein muss, nur weil man es selbst nicht gleich versteht. Das Leben ist vielfältiger und pfiffiger, als irgendwelche Gazetten es uns weismachen wollen. Veränderungen sind okay. Statt zu stänkern und zu hetzen, sollte man lieber gutes Brot essen und sich darüber freuen. Vielleicht ist das mein ultimativer Rat. Puh, wir haben sehr viel geredet, eine kleine Pause wäre sicherlich gut! Ich sattle mein Erdbeermobil und brause davon in den Sonnenuntergang. Kommst du mit?

Als hätte ich dazu jemals Nein gesagt!

FRAGERUNDE

INTERVIEWS MIT
DER COMMUNITY

NORA ECKERT

SIE / IHR

Bitte stelle dich uns kurz vor. Wer bist du, was machst du? Welche Pronomen dürfen wir für dich verwenden?

Mein Name ist Nora Eckert, meine Pronomen sind sie / ihr. Ich nenne mich trans Aktivistin und setze mich für die Interessen von trans Menschen ein. Ich bin Vorständin im Verein TransInterQueer e.V. und arbeite freiberuflich als Publizistin. Außerdem beschäftige ich mich mit dem Thema trans und Alter (mit einem Mandat des Bundesverbands Trans* e.V.).

Welcher Schritt deiner Transition war für dich am wichtigsten?

Meine Transition startete ich 1976. Damals gab es noch keine Therapiepläne wie heute und keine rechtliche Basis. In allen Fragen und Entscheidungen war ich im Grunde ganz auf mich gestellt. Ich lernte damals trans Frauen kennen, die mir Rat und Hilfestellung boten. Das Wichtigste war, überhaupt zu kapieren, trans zu sein. Das war wie eine Art Lebensrettung.

Ich fand schließlich meinen Weg ins Frausein, also in mein richtiges Leben, trotz aller Hindernisse.

Welche Schritte waren unnötig und belastend?

Da ich alle Schritte selbstbestimmt festlegte, gab es für mich keine unnötigen Schritte, sondern nur notwendige. Niemand hatte mir Vorschriften gemacht. Belastend, weil langwierig, war lediglich, die Körper- und Gesichtsbehaarung loszuwerden.

Was würdest du dir von der Welt / der Gesellschaft wünschen?

Dass sie endlich geschlechtliche und sexuelle Vielfalt als Normalität akzeptiert.

Was wünschst du dir für dich?

Dass ich in meinem Leben noch genug Zeit und Energie haben werde, um ein wichtiges Projekt zu Ende zu bringen – eine trans Geschichte BRD / DDR. Das soll eine in die deutsche Gesellschaftsgeschichte seit 1945 eingebettete Bewegungs- und Emanzipationsgeschichte werden, für die ich seit 2019 recherchiere. So etwas fehlt bislang, und ich stelle mir vor, dass davon auch etwas Identitätsstiftendes für die Community ausgehen kann.

Welche Fragen zum Thema Transsein sind für dich okay?

Die respektvollen auf jeden Fall. Auch mit sehr offenen Fragen habe ich kein Problem, was aber abhängig von der jeweiligen Situation ist. Intimes ist immer etwas sehr Persönliches, muss aber keineswegs ein Geheimnis bleiben, und darüber sprechen zu können, hängt wohl auch von der eigenen Emanzipiertheit ab.

Gab es schöne Momente während deiner Transition?

Klar – zu sehen und zu erleben, wie mich meine Umgebung immer mehr in meiner Weiblichkeit wahrgenommen hat.

Was ist nach deiner Transition schön für dich?

Das zu leben, was ich bin.

Was ist deine Forderung an die Politik / deine Mitmenschen?

Von der Politik fordere ich ein Selbstbestimmungsgesetz, damit endlich auch für trans Menschen die in der Verfassung garantierten Grundrechte gelten. Das tun sie bis jetzt nicht. Von den Mitmenschen würde ich mir wünschen, dass sie uns darin unterstützen.

Was muss sich in deinen Augen verändern?

Dass die Gleichheit in der Vielfalt der Menschen Wirklichkeit wird.

Aktuell gibt es vermehrt Stimmungsmache gegen trans Menschen, mit der Behauptung, trans zu sein sei ein Hype, eine Laune und man wolle sich durch eine Transition nur Vorteile erschleichen. Was macht es mit dir, dass deine Existenz derart infrage gestellt wird?

Zunächst einmal: Mit einer Transition handeln wir uns unter den gegebenen gesellschaftlichen Verhältnissen nur Nachteile ein, für die wir ein sehr starkes Selbstbewusstsein brauchen, um nicht daran zu zerbrechen. Was die Stimmungsmache betrifft: Daraus sprechen Ignoranz und Bosheit. Die Mischung war schon immer gemeingefährlich. Mich schüchtert die Stimmungsmache nicht ein. Im Gegenteil, sie macht mich nur kämpferischer, denn das Grundgesetz gilt auch für uns!

ANSGAR LAHMANN

ER/IHM

Bitte stelle dich kurz vor.

Mein Name ist Ansgar Lahmann, meine Pronomen sind er / ihm
oder aber auch keine Pronomen. Ich bin Partner, Bruder, Sohn,
Onkel, Enkel, Neffe und zukünftig hoffentlich auch Papa. Außerdem bin ich Freund, Kollege, Nachbar, Bekannter ... Das ist eine
Sache, die mich, denke ich, ausmacht: dass ich gerne in Beziehung, in Kommunikation mit anderen bin, dass ich Verbindun-
gen sehr schätze. Daneben macht mich aus, dass ich weiß und
ziemlich privilegiert bin (dass ich zum Beispiel studiert habe
und es mir leisten konnte) oder dass ich keine Behinderung
habe. Auch was ich mache, macht mich aus. Ich engagiere mich
aktivistisch, etwa für die Rechte von trans Personen. Allgemein
entwickle ich Strategien, denke über Narrative nach und bin
ungemein glücklich (und auch hier privilegiert), mein Interesse
zum Beruf gemacht zu haben und als Campaigner zu arbeiten.

**Welcher Schritt deiner Transition war für dich am wichtigs-
ten?**

Als meine Omi eine Krebsdiagnose hatte, habe ich gemerkt, was
es heißt, leben zu wollen. Ich habe für mich erkannt, dass ich

Verantwortung für mein Leben übernehmen, dass ich mich mit meinem Transsein auseinandersetzen muss. Der wichtigste Schritt war diese Erkenntnis vor rund zehn Jahren, das „Los" zum „Losgehen". Ich habe gesehen, wie sehr meine Omi am Leben festhielt, wie sie am Leben bleiben wollte, und ich hätte meines sofort gegen ihres getauscht. Da merkte ich, dass ich mein Leben nicht wertschätzte und diesen Zustand ändern wollte. Alle weiteren Schritte nach dieser Erkenntnis haben dann sehr viel Sinn ergeben, haben alle vorherigen bestätigt. Ich war auf dem richtigen Weg. Zu mir. Und bin heute sehr froh, sagen zu können, dass meine 30er meine bisher besten Jahre sind.

Welche Schritte waren unnötig und belastend?

Alles Erzwungene war belastend. Für das sogenannte Transsexuellengesetz (TSG) musste ich eine Therapie machen, Anträge schreiben, warten, mich begutachten lassen, Geld bezahlen. All das war zermürbend und ist es leider immer noch für zu viele trans Personen, und zwar so lange, bis das TSG abgeschafft wird. Dieser mehrjährige Prozess, dieses Warten hat mich Lebenszeit gekostet, die mir keine*r zurückgibt.

Was würdest du dir von der Welt / der Gesellschaft wünschen?

Ich würde mir allgemein weniger Hass und mehr Respekt in dieser Gesellschaft wünschen. Egal, wie unterschiedlich wir sind, wir sind alle Menschen. Wir haben es alle verdient, würdevoll behandelt zu werden. Auch wünsche ich mir mehr Personen, die sich gegen den Hass und die Hetze, die insbesondere marginalisierte Personen abbekommen, stellen. Ich wünsche mir mehr marginalisierte Personen in Entscheidungspositionen. Zum einen ist Repräsentation sehr wichtig, zum anderen gelebte Erfahrung. Zu oft reden nur cis über trans Personen, zu oft wird über die Köpfe von trans Personen hinweg entschieden.

Was wünschst du dir für dich?

Ich bin sehr glücklich in meinem Leben. Wenn ich mir aber etwas wünschen könnte, dann, dass ich mir mehr Momente der Ruhe schaffe. Da arbeite ich dran.

Welche Fragen zum Thema Transsein sind für dich okay?

Ich glaube, es hängt sehr von der fragenden Person ab, welche Fragen okay oder nicht okay sind. Wenn mich zum Beispiel Freund*innen etwas fragen, dann ist es etwas anderes, als wenn mir unbekannte Personen Fragen stellen. Aber nicht nur wer fragt, ist entscheidend, sondern auch, mit welchen Worten, mit welcher Intention. So können Fragen nach Genitalien und Operationen sehr übergriffig sein, Worte wie Geschlechtsumwandlung sind definitiv nicht adäquat. Grundsätzlich bin ich ein offener trans Mann und kläre Personen gerne auf, aber ich setze auch Grenzen.

Gab es schöne Momente während deiner Transition?

Es gab jede Menge schöner Momente während meiner Transition. Ich bin froh über die queeren Spaces, wo ich die ersten Male mein neues Pronomen und meinen neuen Namen ausprobieren konnte, um zu schauen, ob es sich „richtig" anfühlt. Ich bin froh über die Unterstützung und den Rückhalt in meinem Freund*innen- und Familienkreis. Und richtig dankbar bin ich auch für meine Nichten und meinen Neffen, für die ich immer schon Ansgar war und die mich als Erste einfach nur so kennenlernten.

Was ist nach deiner Transition schön für dich?

Ich genieße es, schwimmen zu gehen. Ich bin jahrelang nicht in der Öffentlichkeit schwimmen gegangen, habe oft am Rand gesessen und zugeguckt. Ich hab mehr als zehn Jahre in Berlin gewohnt und kein Schwimmbad betreten. Wenn ich heute schwimme, fühle ich mich frei. Viel freier als vor meiner Transition. Schwimmen genieße ich total. Aber ich bin grundsätzlich einfach viel glücklicher, viel mehr bei mir selbst, viel energetischer und lebensfroher.

Was ist deine Forderung an die Politik / deine Mitmenschen?

Transfeindlichkeit ist gleichzusetzen mit Menschenfeindlichkeit und Demokratiefeindlichkeit. Unsere Demokratie ist leider schon viel zu lange transfeindlich. Von der Politik fordere ich ein Ende der Diskriminierung von trans Personen. Das bedeutet nicht nur eine Abschaffung des unsäglichen TSG, sondern auch die Berücksichtigung von trans Personen bei anderen Gesetzesvorhaben, zum Beispiel beim rechtlichen Schutz gegen Hass und Hetze. Im letzten Jahr wurde die „verhetzende Beleidigung" als Straftat für Schwule, Lesben, Bi- und Pansexuelle eingeführt. Trans Personen klammert der § 192 aber aus, dabei bekommen insbesondere trans Personen sehr viel Hass ab.

Außerdem hoffe ich auf eine Entschuldigung – noch besser wäre eine Wiedergutmachung – bei allen trans Personen, die in der Vergangenheit durch den Staat Gewalt erfahren haben. Vor allem all diejenigen, die ihre Familie verloren haben oder die nie eine gründen konnten, weil sie sich noch bis 2011 zwangssterilisieren mussten, um ihren Namens- und Personenstand nach dem TSG ändern zu können, oder „Trennungsjahre" einhalten mussten und ähnliche Schikanen. Aber auch beim Abstammungsrecht und in vielen anderen Bereichen bedarf es einer Kursänderung. Vor allem den am meisten marginalisierten Personen – insbesondere trans Geflüchteten – sollte geholfen werden.

Weil Errungenschaften einer Legislaturperiode in der nächsten schon wieder kassiert werden können, und damit trans Personen nicht in weiteren Gesetzesvorhaben ausgeklammert werden können, unterstütze ich auch die Kampagne #GrundgesetzFuerAlle, die eine Ergänzung des Artikel 3 um die „geschlechtliche und sexuelle Identität" fordert.

Was muss sich in deinen Augen verändern?

Ich bin eine trans Person, die sichtbar ist, weil Sichtbarkeit wichtig ist. Aber die Desinformationskampagnen, der Hass und die Hetze gegen trans Personen machen mir Angst, besonders weil die trans Community nicht über genügend Ressourcen verfügt, um dem zu begegnen. Die trans Community sieht, was sich gegen sie zusammenbraut. Sie warnt seit Langem. Nur hören zu Wenige zu. Die Community braucht Unterstützung von Politik, Wissenschaft, Medien und Gesellschaft allgemein. 2021 stieg die Zahl der Straftaten an trans Personen gegenüber dem Vorjahr laut einer Pressemitteilung des Bundesministeriums des Inneren um 66 Prozent. Doch es ist zu befürchten, dass es in diesem Bereich eine besonders hohe Dunkelziffer gibt.

PATRICIA SOPHIE SCHÜTTLER SIE/IHR

Bitte stelle dich kurz vor.

Mein Name ist Patricia Sophie Schüttler (49). Ich bin eine Frau mit transidentem Hintergrund. Meine Pronomen sind sie / ihr. Ich bin seit 1990 mit meiner Partnerin zusammen, habe sie 2003 geheiratet und mich 2010 bei ihr als trans geoutet. Zunächst war ich zwölf Jahre als Zahnärztin tätig, arbeite heute aber hauptsächlich im Transgenderzentrum einer Münchener Klinik (Dr. Lubos Kliniken) als OP-Assistenz. Ich helfe hier Chirurg*innen bei den Operationen von trans Menschen verschiedener geschlechtlicher Identität. Auch bin ich bei Bedarf für diese Hilfesuchenden in der Klinik da.

Nebenbei bin ich ehrenamtlich in der Selbsthilfeorganisation Trans-Ident tätig. Ich bin zweite Vorsitzende des Vereins und leite außerdem die Münchener Selbsthilfegruppe. Zusätzlich halte ich Workshops und Vorträge zum Thema Akzeptanz von LSBTIQ*, insbesondere trans, an den unterschiedlichsten

Lehreinrichtungen (Unis, Pflegeschulen etc.) und bin aktiv beim CSD München.

Welcher Schritt deiner Transition war für dich am wichtigsten?

Diese Frage ist nicht einfach zu beantworten. Meine Transition begann im März 2014 mit der psychotherapeutischen Behandlung. Meine geschlechtsangleichende Operation hatte ich im Juni 2015. Wegen einiger kleiner Komplikationen sollten noch sechs weitere Operationen folgen. Extrem wichtig war mir der Start der Hormonbehandlung (HRT), weil ich ab diesem Zeitpunkt spüren konnte, dass mein Körper nun endlich bei den nötigen Schritten der Veränderung unterstützt wird. Die Personenstandsänderung war aber nicht weniger wichtig, da ich hiermit endlich meine Ausweise und sonstigen Zeugnisse etc. ändern lassen konnte. Ich musste keine Angst mehr haben, dass mein Äußeres nicht zum Namen in meinem Ausweis passt, und mir auch nicht mehr anhören: „Das ist aber nicht Ihre Fahrkarte / Kreditkarte."

Welche Schritte waren unnötig und belastend?

Eigentlich empfand ich keine Schritte meiner Transition als unnötig oder belastend. Ich sehe das aus meinen persönlichen sowie den Erfahrungen aus meiner langjährigen Arbeit in der Selbsthilfe anders. Klar, eine monatelange Diagnostik und eine teure Begutachtung sind für die Änderung von Namen und Personenstand einfach überzogen – was man ja durch das geplante Selbstbestimmungsgesetz abschaffen möchte. Aber eine gute Begleitung und die Klärung aller Fragen zu sich und der eigenen Stellung in der Gesellschaft sowie eine Aufklärung über die Folgen einer Therapie und der Operationen halte ich für absolut unumgänglich. Für Menschen, die schon viele Jahre wissen, dass ihre Geschlechtszuweisung falsch war, ist eine monatelange Psychotherapie sicherlich übertrieben. Dennoch muss man bedenken: Es gibt auch Menschen, die in diesem Prozess erkennen, dass sie gar nicht trans sind, sondern irgendetwas anderes vorliegt. Für mich war es sehr schwer, die Wartezeit bis zur Personenstandsänderung zu überstehen, weil sich mein zweiter Gutachter sehr lange Zeit ließ.

Was würdest du dir von der Welt / der Gesellschaft wünschen?

Ich wünsche mir eine Akzeptanz aller Minderheiten. Kein Verbreiten von Fehlinformationen über Themen wie Transsein, die dann Ängste in der Bevölkerung schüren. Es wäre schön, wenn jede Person einfach Teil der Gesellschaft ist und nicht wegen einer Eigenschaft, die man nicht erklären kann, ausgestoßen wird. Gern würde ich erleben, dass unsere Gesellschaft Abstand nimmt von festen Geschlechterrollen. Wenn die Unterschiede nicht mehr so bedeutsam sind und es erlaubt ist, zu leben, wie man mag, dann könnte vielleicht irgendwann trans automatisch verschwinden. Dann wäre es viel einfacher, sich mit der zugewiesenen Rolle zu arrangieren, egal, ob männlich oder weiblich: einfach nur ein Mensch.

Was wünschst du dir für dich?

Ich habe es bis zum heutigen Zeitpunkt nicht geschafft, mein altes Spiegelbild aus meinem Kopf zu verbannen. Ich erkenne (im Gegensatz zu meinem Umfeld) immer und immer wieder meine „männliche" Vergangenheit im Spiegel, als wäre sie dauerhaft in mein Gehirn eingebrannt. Ich wünsche mir, dass ich das irgendwann überwinden kann. Nicht immer mit der Angst leben zu müssen, mit der Vergangenheit konfrontiert zu werden. Meine Öffentlichkeitsarbeit hilft mir, meine Angst abzubauen. Offen mit meiner Identität umzugehen, ist für mich eine Art Therapie. Wenn ich auch denke, niemals vollständig als Frau angesehen zu werden, kann ich doch mein Transsein akzeptieren und es auch nach außen leben. Inzwischen ist das Leben für mich einfacher, auch wenn es immer wieder vorkommt, dass ich tief unglücklich bin, nicht einfach natürlicherweise mit den Merkmalen einer Frau ausgestattet worden zu sein.

Welche Fragen zum Thema Transsein sind für dich okay?

Durch meine Aufklärungsarbeit bin ich bereit, nahezu alle Fragen zu beantworten, auch sehr persönliche. Ich mag es lediglich nicht, wenn Menschen wissen wollen, wie es denn in meiner Hose und wie es mit meinem Sexualleben ausschaut. Da man diese Fragen auch sonst keinem einfach so stellen würde, verlange ich das auch für mich. In meiner Arbeit als Beraterin und in der Selbsthilfe kläre ich über die OPs auf und rede auch über die Komplikationen, die ich selbst erleben musste. Aber das, was ich mit meiner Partnerin in den eigenen vier Wänden mache, geht einfach niemanden etwas an.

Gab es schöne Momente während deiner Transition?

Der schönste Moment war, als ich meine neue (korrekte) Geburtsurkunde und meinen neuen Personalausweis in den Händen hielt. An diesem Tag verschwand das Lächeln nicht mehr aus meinem Gesicht. Nicht unbedingt „schön", sondern eher lustig war mein erster Besuch bei einer Gynäkologin zur Nachsorge meiner Operation. In der Praxis hielt man mich sofort für eine Frau und fragte mich, wann ich denn das letzte Mal beim Frauenarzt zur Krebsvorsorge war. Es war sehr spaßig, als ich antwortete, dass ich zum ersten Mal in meinem Leben zu einer gynäkologischen Untersuchung käme, und die fragenden Augen der Arzthelferin sah.

Was ist nach deiner Transition schön für dich?

Ich fühle mich viel freier als früher. Damals hätte ich mich niemals getraut, vor anderen Menschen zu reden, weil mir die Selbstsicherheit fehlte. Das ist heute ganz anders.
Natürlich merke ich, dass Frauen immer wieder hinter Männern zurückstehen müssen, was unsere Gesellschaft wohl noch lange nicht abschaffen wird. Aber ich kann jetzt auch als Frau weiterhin meine männliche Sozialisierung nutzen, um eben nicht immer benachteiligt zu werden. Ich kann aktiv für die Frauen und ihre Rechte eintreten. Es macht für mich also überhaupt keinen

Sinn, wenn manche radikale Feminist*innen (TERF) trans Frauen absprechen, „echte" Frauen zu sein.

Ich habe eine Aufgabe gefunden, nämlich der Gesellschaft Transsein zu erklären und Betroffenen auf ihrem Weg zu helfen, die mir unheimlich viel gibt und mir extrem viel bedeutet.

Was ist deine Forderung an die Politik / deine Mitmenschen?

Wir benötigen explizit einen Schutz von queeren Menschen. Das sollte im Grundgesetz einen Platz finden (Änderung von Artikel 3). Auch die Polizei sollte Verbrechen an diesen Menschen einen gesonderten Stellenwert einräumen. Opfer sollten keine Angst haben müssen, Verbrechen anzuzeigen. Klare Ansagen an Schulen, wie man mit trans Kindern umzugehen hat, gehören definitiv dazu. Ein Selbstbestimmungsgesetz zur vereinfachten Änderung des Geschlechtseintrags für trans Menschen ist dringend erforderlich, sollte aber erst nach Absprache mit allen Interessensgruppen auf den Weg gebracht werden, um allen gerecht zu werden. Es bedarf klarerer Regeln für Krankenkassen und den Medizinischen Dienst, damit trans Menschen nicht willkürlich behandelt werden. Ich habe das Gefühl, dass das heute oft der Fall ist, um die Betroffenen einfach nur hinzuhalten, was den Druck auf sie deutlich erhöht und extrem gefährlich werden kann.

Was muss sich in deinen Augen verändern?

Wir müssen alle Seiten an einen Tisch bringen, um miteinander zu reden und nicht gegeneinander. Der Feminismus sollte trans Menschen nicht länger als Bedrohung, sondern als Chance ansehen. Ein immer weiter fortschreitendes Distanzieren voneinander und Schuldzuweisungen führen nicht zu einer Verbesserung. Die Medien sollten damit aufhören, Transgeschlechtlichkeit als Besonderheit darzustellen und ständig die gleichen Klischees zu reproduzieren.

Was macht die Behauptung, Transsein sei ein Hype, mit dir?

Es betrübt mich etwas, dass Menschen, die selbst keine trans Erfahrungen haben, sich erlauben, von einem Hype zu reden, nur weil die Zahl derer, die sich gerade outen, wächst. Insbesondere unter Jugendlichen. Aber liegt dies nicht einfach daran, dass die Menschen heute besser informiert sind? Dass unsere Gesellschaft inzwischen offener geworden ist – auch, wenn Transgeschlechtlichkeit für einige immer noch ein rotes Tuch zu sein scheint?

Auch bedenken Gegner*innen nicht, dass eine Behandlung inklusive Operationen zwar das Selbstbild und Selbstwertgefühl dieser Menschen verbessert, damit aber auch unbestritten große Schmerzen und Verluste verbunden sein können. Man stört die körpereigene Produktion von Geschlechtshormonen und muss diese ein Leben lang über Medikamente zuführen. Das kann Komplikationen und Gefahren für die Gesundheit mit sich bringen. All das nimmt ein trans Mensch aber in Kauf, um

Ruhe in die eigene Seele zu bringen. Eine Transition rettet in den meisten Fällen Leben.

Sich binär identifizierende trans Menschen sind mit einem halben Prozent in der Gesellschaft sehr unterrepräsentiert. So müssen die wenigen trans Menschen, die sich überhaupt trauen, offen in der Gesellschaft zu sprechen, deutlich lauter und häufiger reden, damit sie überhaupt gehört werden. Menschen, die sich ihr ganzes Leben im Schutze der Mehrheit befinden, verstehen nicht, dass sie selbst keiner lauten Worte bedürfen. Wenn sie offen zuhören würden, müsste auch niemand schreien.

JULIA MONRO

SIE/IHR

Bitte stelle dich kurz vor.

Die Frage, wer ich bin, finde ich immer sehr spannend, weil ich sehr lange an mir selbst Zweifel hatte. Umso stolzer und selbstbewusster kann ich heute verkünden, dass ich Julia heiße, mich als nicht-binäre trans Frau verorte und auf weibliche Pronomen sehr großen Wert lege. Aufgrund meiner Erfahrungen vor, während und nach meinem nicht-selbstbestimmten Outing engagiere ich mich seit Jahren für die Rechte von trans Personen, um ihre – und letztendlich auch meine – Lebenssituation zu verbessern. Da mir viele wichtige Stützen meines sozialen Umfelds wegbrachen, habe ich in dieser Arbeit neuen Halt gefunden.

Durch mein Engagement für das Gesetz zur sogenannten Dritten Option wurde ich zu einer zentralen Stimme im Ringen um das Selbstbestimmungsrecht von trans Personen. Ich hatte plötzlich eine neue Aufgabe, die mir buchstäblich das Leben gerettet hat, als ich mich am Tiefpunkt befand. Mittlerweile sagen mir die Menschen oft, wie mutig sie es finden, was ich tue. Das hat aber wenig mit Mut zu tun, sondern war seinerzeit vielmehr ein Akt der Verzweiflung.

Welcher Schritt deiner Transition war für dich am wichtigsten?

Das war ganz klar die Erkenntnis, wer ich bin. Das fühlte sich an wie ein gigantischer Befreiungsschlag. Ein unbeschreibliches Gefühl.

Welche Schritte waren unnötig und belastend?

Definitiv mein Zwangsouting. Als ich noch in der männlichen Rolle lebte, wurde mir wegen meiner psychologischen Behandlung, die für trans verpflichtend ist, unterstellt, an einer Erkrankung zu leiden und kriminell zu sein. Ich wurde geächtet und verlor mein gesamtes soziales Umfeld, welches russlanddeutsch und sehr evangelikal geprägt ist. Dort wird Homosexualität und Transgeschlechtlichkeit als Krankheit gesehen, die geheilt werden kann. LSBTI-Personen werden nicht nur abgelehnt, es wird aktiv gegen sie vorgegangen. Ich erlebte den totalen Absturz, wurde schwer depressiv und entwickelte eine soziale Phobie. Der Weg zu meiner Therapeutin führte über eine Brücke. Mehr als einmal hatte ich den Gedanken, dass ich eines Tages nicht mehr auf der anderen Seite ankommen würde. Man wollte ein Betreuungsverfahren gegen mich einleiten, weil Transgeschlechtlichkeit eine Persönlichkeitsstörung sei und ich demzufolge angeblich einen Realitätsverlust erlitten habe. Glücklicherweise traf ich auf einen Richter, der mir erzählte, dass sein Bruder ebenfalls trans war und sich das Leben genommen hatte. Er wusste genau, wie ich mich fühlte, und lehnte das Betreuungsverfahren für eine gesetzliche Vormundschaft schließlich ab. Dadurch, dass ich mich in diesen Prozessen immer wieder erklären musste, wurde ich schließlich zur Expertin. Es hatte also auch durchaus etwas Positives, auch wenn der Weg ins Heute sehr schmerzhaft gewesen ist.

Was würdest du dir von der Welt / der Gesellschaft wünschen?

Auf jeden Fall brauchen wir mehr Aufklärung in den Behörden. Innerhalb der Gesellschaft wird es immer Pros und Contras zu trans Themen geben und nicht jeder Mensch muss mich mögen. Aber ich erlebe auch einen Großteil unterstützender und wertschätzender Menschen, die mir fasziniert zuhören, wenn ich meine Geschichte erzähle, und die mit mir nach einem Vortrag auch schon zusammen geweint haben. Das finde ich sehr berührend. Auf Ämtern herrscht hingegen nach wie vor eine enorme Unwissenheit. Du wirst zum Beispiel mit falschem Namen und falschen Pronomen angesprochen, mit der fadenscheinigen Begründung, dass man sich strafbar machen würde, solange keine juristische Änderung des Geschlechtseintrags vorläge. Es ist absurd, was da passiert und wie Diskriminierung legalisiert wird. Da wünsche ich mir einfach einen sensibleren Umgang.

Was wünschst du dir für dich?

Eigentlich habe ich mein höchstes Ziel erreicht: Selbstzufriedenheit. Auch mein Selbstbewusstsein und mein christlicher

Glaube sind stärker denn je. Ich bin Chefin meines eigenen Lebens und lasse mir nichts diktieren. Wo ich etwas tun kann, das förderlich ist für mich und andere, da habe ich den Mut, dafür einzustehen. Wo ich keine Einflussmöglichkeiten sehe, irgendetwas zum Positiven zu bewegen, da lasse ich die Finger von. Ich glaube, die Weisheit zu besitzen, unterscheiden zu können, wo ein Engagement angebracht ist und wo nicht, ist ein hohes Gut, welches zu einer enormen Selbstzufriedenheit beiträgt. Deshalb wüsste ich gar nicht, was ich mir noch wünschen sollte. Ich denke, alles andere hat lediglich materiellen Wert, und Zufriedenheit sollte weder von Menschen noch von Gegenständen abhängig sein.

Welche Fragen zum Thema Transsein sind für dich okay?

Für mich gibt es keine falschen Fragen. Selbst, wenn Fragen schwierig formuliert sind, habe ich die Möglichkeit, sie zu korrigieren und aufzuklären. Das hat den positiven Nebeneffekt, dass die fragende Person etwas lernt und bei der nächsten trans Person sensibilisiert ist. Ich interessiere mich viel eher für die Motivation, die hinter einer Frage steckt. Werden Fragen aus ehrlichem Interesse an mir gestellt oder handelt es sich um reine fetischistische Neugier oder gar vorsätzlich verletzende suggestive Fragen? So gibt es beispielsweise Fragen zu Operationen, die ich nie öffentlich beantworten würde. Das ist meine private Sache und geht die große weite Welt nichts an. Aber in einem vertrauensvollen freundschaftlichen Gespräch habe ich keine Probleme auf ehrliche Fragen ehrliche Antworten zu liefern.

Einzig und allein bei meinem früheren Namen werde ich sehr emotional. Er steht für ein Kapitel meines Lebens, welches ich in der Vergangenheit lassen möchte. Es tut weh, daran zu denken, was ich 35 Jahre meines Lebens damit durchmachen musste. Mit diesem Namen möchte ich einfach nicht mehr in Verbindung gebracht werden. Er ist für mich absolut tabu.

Gab es schöne Momente während deiner Transition?

Die Initialzündung für mein Engagement in der Öffentlichkeit war ein kleiner trans Junge. Ich stellte mich und meine Arbeit in einer neu gegründeten Selbsthilfegruppe vor. Am Ende der Veranstaltung kam er auf mich zu, schaute mich mit emotionalen Augen an und sagte: „Ich hab mein ganzes Leben auf dich gewartet." In dem Moment wurde mir bewusst, wie wichtig Role Models sind. Idole, an denen man sich orientieren kann. Menschen, bei denen man Halt findet. Etwas, das ich selbst nicht hatte. Ich habe erkannt, dass ich mit meiner eigenen Geschichte Menschen inspirieren kann. So stand ich ein Jahr später bei den sogenannten Fuck-Up-Nights vor 400 Leuten auf der Bühne. Bei diesem Event erzählen Menschen von negativen Erfahrungen, aus denen sie etwas gelernt und sogar Kraft geschöpft haben. Nach meiner Rede bekam ich Standing Ovations. Ich habe Rotz und Wasser geheult und wusste gar nicht, wie mir geschieht. Da standen 400 völlig fremde Personen vor mir, die mir enormen Respekt und ihre Wertschätzung entgegenbrachten. Und auf der anderen Seite gab es diejenigen, von denen ich dachte, dass sie ein Leben lang an meiner Seite stehen würden, die mich aber verleumdet haben, noch bevor der Hahn dreimal krähte. Ich war in dem Moment total zerrissen, aber glücklich, dass ich ein neues Leben hatte, in dem Menschen mich mögen und ich einen Platz gefunden habe, an dem ich wirken kann. Mein Leben ist heute von vielen wertschätzenden Erlebnissen geprägt. So erhielt ich mal eine WhatsApp-Nachricht mit „Danke, meine Lebensretterin". Auch per Post und E-Mail bekomme ich immer wieder Ermutigungen von Menschen, die sich als „Fans" outen. Das sind Erfahrungen, die ich wirklich zelebriere und die Kraftquellen für meine eigene psychische Gesundheit sind.

Was ist nach deiner Transition schön für dich?

Dass ich ich selbst sein kann. Nie wieder werde ich mich für irgendwen oder für eine binär denkende heteronormative Gesellschaft oder Behörde einschränken. Ich habe gelernt, zu mir selbst zu stehen, aber auch meine Rechte einzufordern, wo es notwendig ist. Dieses Gefühl von Authentizität nimmt mir kein Mensch je wieder weg. Einmal wurde ich in einer Behörde so heftig misgendert, dass ich mich für eine weitere Kooperation komplett versperrt habe. Man hat mir schließlich mit Haft gedroht, und ich erklärte, dass ich lieber ins Gefängnis gehen würde, als mich mit falschen Pronomen ansprechen zu lassen – mit Verweis auf Nelson Mandela, der ebenso „stur" für die Akzeptanz seiner Identität gerungen hat. Ich glaube, wenn man so ein tiefes Tal durchschritten hat, dann gibt es kaum noch etwas, das einen schockiert oder einem Angst bereitet. Diese enorme Stärke habe ich während meiner Transition entdecken dürfen, und ich bin dadurch heute in der Lage, meine Persönlichkeit zur vollen Entfaltung zu bringen. Das habe ich vor der Transition nie für möglich gehalten.

Was ist deine Forderung an die Politik / deine Mitmenschen?

Ich habe selbst mit allen demokratischen Parteien zum Selbstbestimmungsgesetz / Transsexuellengesetz diskutiert und Einzelgespräche mit Abgeordneten geführt. Und ich bin froh, dass sich die Regierung im Koalitionsvertrag erstmalig in der Geschichte der Bundesrepublik auf ein sehr umfangreiches Paket zur Umsetzung queerer Rechte geeinigt hat. Es geht um Menschenrechte, und die sind einfach nicht verhandelbar. Sei es bei der sexuellen Selbstbestimmung oder der Selbstbestimmung über den eigenen Körper, zum Beispiel auch bei Abtreibungen. Da gibt es auch keine allgemeingültigen ethischen Gründe, denn jeder Mensch, jede Partei, jede Religion hat ein individuelles Verständnis von Ethik. Wenn ein Mensch abtreiben will, ist das eine individuelle Entscheidung. Wenn eine trans Person ihren Körper verändern möchte, ist das ihre individuelle Entscheidung. Da hat niemand mitzureden. Das muss „von oben" klargemacht werden. Ich erwarte, dass die Politik hier Verantwortung übernimmt, auch wenn es unbequem ist oder mal Entschuldigungen fällig werden. Das zeigt wahre Größe und Stärke. Und vor allem misst sich der Wert einer Gesellschaft daran, wie sie mit den schwächsten ihrer Mitglieder verfährt.

Was macht die Behauptung, Transsein sei ein Hype, mit dir?

Grundsätzlich erinnert es mich immer an meinen eigenen Weg, den ich juristisch ausfechten musste. Es triggert mich enorm, immer wieder zu hören, dass trans Frauen potenzielle Vergewaltiger sein sollen, die nur verkleidete Männer sind und eine Gefahr für andere darstellen. Das ist vom Prinzip her exakt das, was ich während meines Outings erleben musste. Aber ich glaube, gerade deswegen habe ich das bereits überwunden und schaue heute mit anderem Blick darauf. Ich kenne sämtliche Pro- und Contra-Fakten und weiß deshalb, dass diese Stimmungsmache keinerlei substanzielle Grundlage besitzt, sondern wirklich nur dazu dient, in populistischer Weise die Gemüter anzuheizen. Ich weiß aber auch, wie meine eigene Realität aussieht, und nur diese kann ich beeinflussen. Das bedeutet, wenn irgendwer in einem kleinen gallischen Dorf eine negative Meinung zu trans Themen hat, dann werde ich diesen Menschen nie erreichen, geschweige denn aufklären können. Erst, wenn dieser Mensch meinen privaten Wirkungskreis betritt, habe ich die Gelegenheit, ihn aufzuklären oder seine Ängste zu mildern. Die persönliche Begegnung ist also um ein Vielfaches friedensstiftender, als sich in (sozialen) Medien auf solche Debatten einzulassen.

HEINRICH HORWITZ

THEY/THEM, SIE/IHR, ER/IHM

Bitte stelle dich kurz vor.

Mein Name ist Heinrich Horwitz und meine Pronomen sind they / them, sie / ihr, er / ihm. Ich bin Theaterregisseur*in, Choreograf*in und Performer*in und arbeite freischaffend im deutschsprachigen Raum im Bereich Tanz, Theater und Neue Musik.

Welcher Schritt deiner Transition war für dich am wichtigsten?

Ich habe sehr viele unterschiedliche Schritte erlebt in unterschiedlichsten Phasen meines Lebens. Der wichtigste Schritt war womöglich, irgendwann zu erkennen, dass meine Transition fortdauert. Es also kein abgeschlossener Prozess ist, sondern ich ständig weiter transitionieren möchte, ich mich nicht festlegen will oder auf einen endgültigen Zustand zusteuere, sondern in einem fluiden Moment verweilen möchte. Coming out as coming out.

Was würdest du dir von der Welt / der Gesellschaft wünschen?

Mehr Fragen zu stellen, Neugier und Spielfreude. Sich nicht in einem Konzept zu verlieren, sondern dieses als ein solches zu erkennen, um viele verschiedene zulassen zu können. Die Vielfalt als eine Bereicherung zu erkennen, nicht als Bedrohung. Seine eigenen Privilegien zu reflektieren, mehr Ally und Partner*in zu sein. Sich gegenseitig Räume zu öffnen, diese aber auch zu sichern und zu halten.

Was wünschst du dir für dich?

Wahlfamilie. Selbstverständlichkeit. Mehr queere Geschichten, mehr queere Sichtbarkeit in Kunst, in Kultur und in der gesamten Gesellschaft, überall – auch im ländlichen Raum, in Randgebieten und Kleinstädten. Durch alle Gesellschaftsschichten hindurch. Mehr Utopien, mehr Geschichten aus einer neuen Zeit. Mehr Verwicklungen, Verwebungen, mehr Kinship.

Gab es schöne Momente während deiner Transition?

Gender Euphoria ist mit Abstand eines der schönsten Dinge, die ich erlebt habe. Wenn ich richtig angesprochen werde, wenn Menschen mit Begehren schauen, mit Neugier und Sehnsucht. Wenn wir gemeinsam lernen, einander zu beobachten. Wenn es wirklich umeinander geht und nicht darum, zu kategorisieren. Darum, die Definitionen als solche zu erkennen, um sie zu überwinden, zu erweitern oder zu ergänzen.

Was ist deine Forderung an die Politik/deine Mitmenschen?

Eigentlich sehr simpel: Gleichberechtigung, keine Stigmatisierung, keine Viktimisierung, keine Ismen.
Und den gleichen Schutz für queere Räume, unsere queere Community, selbst in Zeiten einer Krise.

JOSEPHINE APRAKU KEINE PRONOMEN

Bitte stelle dich kurz vor.

Ich bin Josephine (keine Pronomen) und arbeite im Bereich diskriminierungskritischer, genauer, rassismuskritischer Bildung. In diesem Zusammenhang mache ich eigentlich sehr viele unterschiedliche Dinge. Zum Beispiel arbeite ich mit verschiedenen Organisationen zusammen, die etwa Rassismus in ihrem Arbeitskontext abbauen wollen. Außerdem schreibe ich aktuell – glücklicherweise – ziemlich viel: Ich habe zwei Bücher zu Rassismus verfasst, verantworte schon seit fast fünf Jahren eine Kolumne zu Elternschaft für das Missy Magazine und habe gerade ein Buch zu Liebe und Unterdrückung geschrieben – wollte ich schon seit Ewigkeiten machen.

Welcher Schritt deiner Transition / deines Coming-outs war für dich am wichtigsten?

Diese Frage kann ich gar nicht so einfach beantworten.

Es ist nämlich so: Ich positioniere mich als nicht-binär – ich sehe mich also weder als Mann noch als Frau und irgendwie als alles gleichzeitig –, und weil das bei mir zum Beispiel nicht mit einer körperlichen Transition einhergeht, sind es eher innere Schritte, die ich an mir merke.

So seltsam es klingen mag, der wohl wichtigste Schritt für mich war, dass ich überhaupt einen Begriff für etwas gefunden habe, das ich schon lange an mir wahrnehme. Eine Alternative zu „Mann" und „Frau", eine Alternative zu „entweder, oder".

Gab es schöne Momente während deiner Transition / deines Coming-outs?

Meine schönsten Momente sind gleichzeitig die simpelsten: Wenn Freund*innen – so wie ich es möchte – keine Pronomen für mich verwenden und verstehen, dass ich immer noch ich bin.

Was ist nach deiner Transition / deinem Coming-out schön für dich?

Ich habe eigentlich nicht das Gefühl, dass es ein „nach dem Coming-out" tatsächlich gibt. Es bleibt ein beständiger Prozess, in dem ich lerne und abwäge und noch mehr lerne und noch mehr abwäge. Außerdem ist es im Grunde mit jeder neuen Person, die Teil meines Lebens wird, ein neues Coming-out, weil in einer cis- und heteronormativen Gesellschaft davon ausgegangen wird, dass ich cis und hetero bin.

Gerade als Schwarze Person gibt es Teile an mir, die mich in einer weißen Gesellschaft sichtbar und dadurch auch besonders verwundbar machen. Das gilt für mich als nicht-binäre Person so nicht. Denn Menschen gehen grundsätzlich davon aus, dass ich eine cis Frau bin und damit gehen auch Privilegien einher, etwa, dass ich als Teil der Norm betrachtet und behandelt werde. Der Umstand, dass ich nicht transitioniere, ist in meinem Fall ebenfalls mit Privilegien verbunden: Denn meine Sicherheit hängt nicht davon ab, und ich muss nicht über Jahre hinweg und für viel Geld Transfeindlichkeit im medizinischen Bereich ertragen.

Was würdest du dir von der Welt / der Gesellschaft wünschen?

Es gibt viele Dinge, die ich mir von unserer Gesellschaft im Hinblick auf Diskriminierung wünsche. Mit Blick auf Geschlechtsidentität fallen mir spontan drei ein: Einerseits wäre es befreiend, wenn Menschen aufhören würden, andere Menschen anhand ihres Aussehens in die Kategorien „Mann" und „Frau" einzuteilen. Die Realität ist, dass wir das nicht an Äußerlichkeiten festmachen können. Andererseits sind diese Kategorien sowieso problematisch, weil sie keinen Raum lassen für fluide und andere Geschlechtsidentitäten.

Und – dieser Punkt ist mir besonders wichtig – an die Kategorien „Mann" und „Frau" werden Zuschreibungen geknüpft: Das kann so etwas sein wie „alle Männer sind stark und zeigen ihre Gefühle nicht" oder „Frauen sind sehr sensibel". Diese Zuschreibungen haben aber nichts mit der Realität zu tun und sie setzen alle unter Druck, selbst Menschen, die sich als cis Frauen oder Männer positionieren.

Was wünschst du dir für dich?

Mir ist sehr wichtig, dass ich mich gegen Unterdrückung einsetze, aber das ist auch ziemlich anstrengend. Deshalb wünsche ich mir, dass ich besser darin werde, mir Pausen zu gönnen und Dinge zu tun, die mich glücklich machen, zum Beispiel im Sommer an den See zu fahren, Holunderblütensirup einzukochen oder mit Freund*innen etwas zu essen.

Welche Fragen zum Thema Transsein / Nicht-binärsein sind für dich okay?

Für mich hängt das vor allem davon ab, wer fragt. Wenn es Menschen sind, die aufrichtig versuchen, ein Thema zu verstehen – dann eigentlich alles. Wenn es Menschen sind, die nur ihre Abwehr füttern wollen, also zu wissen glauben, wie die Welt für uns alle funktioniert, dann nix.

Was ist deine Forderung an die Politik / deine Mitmenschen?

Wir brauchen ein intersektionales Antidiskriminierungsgesetz, das berücksichtigt, dass Menschen von mehreren Formen von Diskriminierung gleichzeitig benachteiligt werden.
Dazu gehört, dass Menschen, etwa Richter*innen, verstehen, was der Begriff „strukturelle Diskriminierung" bedeutet, damit

sie überhaupt in der Lage sind, Antidiskriminierungsgesetzgebungen anzuwenden.

Was muss sich in deinen Augen verändern?

Als Person, die von unterschiedlichen Formen von Diskriminierung betroffen ist, arbeite ich darauf hin, dass Diskriminierungskritik, also das Kämpfen gegen Unterdrückung, genauso häufig wird, wie Diskriminierung. Es muss gängiger werden, dass wir Unterdrückung thematisieren, wenn wir sie bemerken.

Was macht die Behauptung, Transsein sei ein Hype, mit dir?

Als Schwarze Person in Deutschland – einem Land, das sich als weiße Nation imaginiert – bin ich es seit meiner Kindheit gewöhnt, dass meine Existenz infrage gestellt wird. Das stresst mich nicht mehr, denn in gewisser Weise finde ich, dass die Tatsache, dass Menschen geistig und emotional so unflexibel sind, nicht mein Problem ist. Die Diskriminierung, die sich daraus ergibt, etwa wenn ich in Läden beäugt werde, weil ich vermeintlich etwas klauen könnte, die ist tatsächlich mein Problem.

Ich bin als nicht-binäre Person insofern privilegiert, als dass mich Menschen schlicht als cis Frau wahrnehmen. Die Aberkennung meiner Existenz funktioniert also eher darüber, dass Menschen meinen, ich müsse mich für „eine Seite" entscheiden oder meine Geschlechtsidentität müsse irgendwie äußerlich wahrnehmbar sein. In meinem Fall funktioniert die Unterdrückung eher dadurch, dass ich als Frau vereinnahmt werde und meine Positionierung als nicht-binär ignoriert wird.

Die Idee, dass Transsein ein Hype ist, finde ich völlig absurd. Sie ist zudem eine zutiefst eurozentrische Idee, denn sie verkennt, dass binäre Vorstellungen von Geschlecht – insbesondere vor der Kolonialzeit – nicht überall gängig waren. Viele vorkoloniale Gesellschaften verfügten über viele unterschiedliche Geschlechtsidentitäten oder organisierten sich unabhängig von diesen, zum Beispiel über das Alter. Außerdem verkennt die Behauptung, trans sei ein Hype, dass die Vorstellung, es gäbe nur zwei Geschlechter, von weißen Menschen dazu genutzt wurde, sich im Zusammenhang ihrer rassistischen Hierarchie – an deren Spitze sie sich stellten – aufzuwerten.

GLOSSAR

BEGRIFFE AUS
DEM BUCH UND
DARÜBER HINAUS

* Sternchen (Asterisk)

Das Sternchen, auch Asterisk genannt, dient als Platzhalter. Der Sinn des Sternchens ist, eine gendergerechte Sprache abzubilden. Das Sternchen hält quasi den Platz frei für alle Geschlechter, die keine grammatikalische Entsprechung haben.

Ally

Ally ist ein Begriff aus dem Englischen und heißt übersetzt Verbündete*r. Diese Person ist ihrerseits nicht Teil einer marginalisierten Gruppe, setzt sich aber aktiv für deren Rechte ein.

AFAB

Steht für assigned female at birth, also bei der Geburt als weiblich zugeordnet.

AMAB

Steht für assigned male at birth, also bei der Geburt als männlich zugeordnet.

binär

Binär bedeutet zweiteilig und steht für die Annahme, dass es genau zwei Geschlechter gibt: männlich und weiblich.

cis

Cis bedeutet, dass eine Person sich mit dem Geschlecht, das ihr bei der Geburt zugewiesen wurde, wohlfühlt und identifiziert.

cis Frau

Einer cis Frau wurde bei der Geburt das weibliche Geschlecht zugewiesen und sie identifiziert sich damit.

cis Mann

Einem cis Mann wurde bei der Geburt das männliche Geschlecht zugewiesen und er identifiziert sich damit.

cis Normativität

Die cis Normativität beruht auf der Annahme, dass alle Menschen cis sind, und trans sowie inter Personen Abweichungen und unnormal. Zudem wird weiter davon ausgegangen, dass es nur zwei Geschlechter gibt, die sehr leicht anhand der Genitalien zu bestimmen sind.

Coming-out

Mit Coming-out ist das Bewusstwerden und/oder Mitteilen der sexuellen oder geschlechtlichen Identität gemeint.

Deadname

Ein Deadname ist der Name, den eine trans Person vor ihrer Transition hatte. Der Wortteil „Dead" lässt richtig vermuten, dass dieser alte Name gestorben ist und nicht mehr verwendet oder ausgegraben werden sollte. Die Frage, wie jemand denn früher hieß, ist folglich ziemlich unangebracht. Der alte Name ist Vergangenheit und sollte auch dort bleiben. Um es noch deutlicher zu sagen: Deadnaming ist scheiße und kann strafrechtlich belangt werden.

divers

Seit dem 1.1.2019 können Menschen in Deutschland ihren Geschlechtseintrag zu „divers" ändern. In den meisten Fällen nutzen non-binäre oder inter Personen diese Möglichkeit für sich. Anzumerken ist, dass divers selbst kein eigenes Geschlecht darstellen soll, sondern als Schirmbegriff dient.

Dysphorie

Mit Dysphorie wird das Unwohlsein gegenüber dem eigenen Körper oder der sozialen Einordnung durch die Umwelt beschrieben. Sie betrifft in erster Linie trans oder non-binäre Menschen. Viele von ihnen ergreifen Maßnahmen wie eine Hormontherapie oder Operationen, um ihr Aussehen der eigenen Wahrnehmung anzupassen.

Enby

ε

Siehe non-binär. Enby ist eine Selbstbezeichnung mancher nichtbinärer Menschen.

FLINTA*

F

FLINTA* ist eine Abkürzung, die veranschaulichen soll, wer in bestimmten Räumen oder zum Beispiel auf Partys willkommen ist. Sie steht für Frauen, Lesben, inter, nichtbinär, trans und agender.

Gatekeeping

Gatekeeping könnte man ein bisschen mit „Türsteher spielen" übersetzen. Es meint das Verwehren des Zugangs zu bestimmten Räumen, Behandlungen oder Communitys. Als Beispiel könnte man nehmen, dass die Veranstalterinnen einer Lesbenparty keine trans Frauen zulassen, weil diese laut ihrer Definition keine „echten" Frauen darstellen. Oder, dass ein*e Ärzt*in einer trans Person die Behandlung verweigert.

Gender

Gender ist auf wissenschaftlicher Ebene das sozial konstruierte Geschlecht und auf persönlicher Ebene die Geschlechtsidentität einer Person.

Geschlechtsidentität

Statt Geschlechtsidentität könnte man auch geschlechtliches Selbstverständnis sagen. Das meint das innere Wissen um das eigene Geschlecht. Bei cis Menschen stimmt das innere Wissen mit dem zugewiesenen Geschlecht überein, bei trans Menschen ist dem nicht so.

Heteronormativität

Die Heteronormativität beschreibt die Ansicht, dass Heterosexualität die Norm der Dinge ist. Danach ist eine heterosexuelle Entwicklung die einzig richtige. Zugleich wird von einer binären Geschlechterordnung ausgegangen. Alles, was nicht in diesem Rahmen stattfindet, wird pathologisiert und als falsch angesehen.

Hysterektomie

Eine Hysterektomie ist die operative Entfernung der Gebär-
mutter.

Hormontherapie (HRT)

Um sich auch körperlich dem gefühlten Geschlecht anzugleichen, gibt es die Möglichkeit, eine Hormontherapie einzuleiten.
Im Fall von trans Männlichkeit wird Testosteron verabreicht,
im Fall von trans Weiblichkeit Östrogen. Die Hormontherapie
wird in Deutschland von der Krankenkasse übernommen. Die
Abkürzung HRT steht für den englischen Begriff Hormon Re-
placement Therapy.

inter, auch intergeschlechtlich oder intersex

Das Wort inter kommt aus dem Lateinischen und bedeutet
„zwischen". Sind die Chromosomen, die Hormonverteilung
oder Genitalien eines Menschen nicht gemäß der medizinischen Norm von männlich oder weiblich, sondern bewegen
sich auf einem Spektrum dazwischen, spricht man von Inter-
sexualität. Die körperlichen Geschlechtsmerkmale weisen also
angeborene Variationen auf.

I   Intersektionalität

Intersektionalität beschreibt den Zusammenhang verschiedener gesellschaftlicher Strukturen. Darunter fallen zum Beispiel Geschlecht, Herkunft, Bildung, Religion und Sexualität. Alle (Diskriminierungs-)Erfahrungen, die eine Person macht, sind ein Zusammenspiel der einzelnen Strukturen und können nicht losgelöst voneinander betrachtet werden.

M   Mastektomie (Mastek)

Mastektomie beschreibt das operative Entfernen der weiblichen Brust.

misgendern

Misgendern steht für das (bewusste) Verwenden falscher Pronomen oder das Zuweisen eines falschen Geschlechts bei einer (trans) Person.

N   nicht-binär / non-binär

Eine nicht-binäre Person identifiziert sich weder als Mann noch als Frau, sondern entweder dazwischen, beides gleichzeitig oder außerhalb des binären Rahmens. Auch eine Identifikation gänzlich ohne Geschlecht ist möglich. Mehr dazu in Kapitel 4.

O   Othering

Othering (engl. other: „andersartig") bezeichnet die Distanzierung der Gruppe, der man sich zugehörig fühlt, von anderen Gruppen.

Outing

Wenn die geschlechtliche Identität oder sexuelle Orientierung einer Person gegen ihren Willen mit anderen geteilt wird, nennt man das Outing. Es ist das Gegenteil eines freiwilligen und sicheren Coming-outs.

Passing

P

Passing bedeutet, dass ein Mensch als das Geschlecht gelesen und anerkannt wird, mit dem er sich identifiziert.

Pinkwashing

Pinkwashing bezeichnet Strategien, die durch das Vorgeben einer Identifizierung mit der queeren Community bestimmte Produkte, Personen oder Firmen bewerben, um dadurch modern, fortschrittlich und tolerant zu wirken.

queer

Q

Ursprünglich war queer ein Schimpfwort. Das ist heute nicht mehr der Fall.
Queer ist mittlerweile ein Überbegriff für sowie eine Selbstbezeichnung von Menschen, deren sexuelle oder geschlechtliche Identität nicht der binären, cis-geschlechtlichen oder heterosexuellen Norm entspricht.

TERF

T

TERF ist ein Akronym aus den Anfangsbuchstaben der Wörter trans excluding radical feminists.

TIN*

TIN* ist die Abkürzung für trans, inter, non-binär.

Transition

Transition beschreibt den Zeitraum der Geschlechtsanglei-chung. Vom Coming-out zu möglichen rechtlichen und medi-zinischen Schritten.

Triggerwarnung / Contentwarnung

Manchmal sieht man vor Beiträgen auf Social Media die Buch-staben TW oder CW. Das sind die Abkürzungen für Triggerwar-nung oder Contentwarnung. Sie bedeuten, dass der Inhalt, den man gleich zu sehen bekommt, bei manchen Menschen ungu-te Erinnerungen oder Gefühle triggern, also auslösen kann.

HIER FINDEST DU UNTERSTÜTZUNG

IN DEN WEITEN DES INTERNETS

Zugegeben, Links in Büchern sind irgendwie schräg, aber wir machen es trotzdem: Hier findest du Unterstützung, wenn du Fragen hast oder dich weiter informieren möchtest:

https://www.transinterqueer.org/
https://www.trans-ident.de/
https://transmann.de/
https://transintersektionalitaet.org/
https://www.bundesverband-trans.de/
https://www.dgti.org/
https://dgti.org/uebersicht-shg/
https://www.gynformation.de/
https://www.lsvd.de/de/
https://www.queerformat.de/
https://abqueer.de/
https://queer-lexikon.net/
https://genderdings.de/
https://i-paed-berlin.de/